毕业就当系列丛书
· 资料员系列

理论实际相联 · 快速适应职场的葵花宝典

理论+经验 → 基础+实务

以专家的高度 · 给您面对面的指导和帮助

毕业就当资料员
建筑工程

主编 戴成元

内 容 简 介

本书主要介绍建筑工程资料员应掌握的各种知识及工作范围,全书主要内容有建筑工程概论、基建文件管理、监理资料管理、施工技术资料管理和施工测量记录、施工物资资料管理、建筑工程施工记录、建筑工程施工试验记录、建筑工程施工质量验收记录、建筑工程资料归档管理等。

本书针对性、实用性强,注重实践,与实际紧密结合,使刚毕业的大学生可以很快地适应岗位,知道做什么,如何做。因此,本书可用作初为资料员的大学毕业生和从业人员的培训教材与自学参考书,也可作为高等教育建筑工程专业的教材。

图书在版编目(CIP)数据

毕业就当资料员:建筑工程/戴成元主编.—哈尔滨:哈尔滨工业大学出版社,2011.5
(毕业就当系列丛书·资料员系列)
ISBN 978-7-5603-3256-7

Ⅰ.①毕… Ⅱ.①戴… Ⅲ.①建筑工程-技术档案-档案管理 Ⅳ.①G275.3

中国版本图书馆 CIP 数据核字(2011)第 064704 号

责任编辑	郝庆多
封面设计	刘长友
出版发行	哈尔滨工业大学出版社
社　　址	哈尔滨市南岗区复华四道街10号　邮编150006
传　　真	0451-86414749
网　　址	http://hitpress.hit.edu.cn
印　　刷	哈尔滨市石桥印务有限公司
开　　本	787mm×1092mm　1/16　印张17　字数450千字
版　　次	2011年5月第1版　2011年5月第1次印刷
书　　号	ISBN 978-7-5603-3256-7
定　　价	33.00元

(如因印装质量问题影响阅读,我社负责调换)

编 委 会

主　编　戴成元

编　委　王浩然　石　源　吴　丹
　　　　　李　明　李昌厚　张小臣
　　　　　张　馨　黄　楠　翟庆林
　　　　　陈倩倩　苏　虹　吴广鑫
　　　　　谢　天　马　强　曹晓菲

前　言

近年来，随着建筑行业发展的日渐完善和成熟，工程资料管理正以其鲜明的特点发挥着越来越重要的作用。建筑工程资料不仅是建筑工程竣工验收和竣工核定的必备条件，还是对工程进行检验、维修、管理、使用、改建的重要依据，故收集和整理好建筑工程资料是建筑施工中的一项重要工作，这无疑对资料员的业务水平和专业素质有了更为严格的要求。

目前，市场上关于建筑工程资料的图书颇多，但是从刚毕业学生的角度出发，针对这类人群的图书比较罕见。为了提高初涉资料员岗位人员的专业知识和业务能力，我们依据现行建筑工程施工及验收规范和质量检验评定标准，组织编写了本书，以进一步健全和完善施工现场的全面质量管理。全书内容全面，易于理解、便于执行，将基础与实务分开，使读者能及时查阅和学习。

由于学识和经验有限，加之建筑行业的快速发展，尽管编者尽心尽力，但书中难免有疏漏或未尽之处，恳请有关专家和广大读者提出宝贵的意见，以便修改和完善。

编　者

2011.3

目 录

第1章 概 论 ... 1
1.1 工程资料术语及作用 ... 1
1.2 工程资料的管理职责 ... 2
1.3 工程资料的分类 ... 4
1.4 工程资料的编号 ... 14
1.5 工程资料的管理流程 ... 17

第2章 基建文件管理 ... 23
2.1 基建文件 ... 23
2.2 基建文件的内容 ... 25

第3章 监理资料管理 ... 41
3.1 监理资料概述 ... 41
3.2 监理管理资料 ... 45
3.3 工程进度控制资料 ... 58
3.4 工程质量控制资料 ... 68
3.5 工程造价控制资料 ... 75
3.6 工程竣工验收资料 ... 83

第4章 施工技术资料管理和施工测量记录 ... 86
4.1 工程施工技术资料管理 ... 86
4.2 施工测量放线资料 ... 94
4.3 工程定位测量记录 ... 97
4.4 基槽验线记录 ... 99
4.5 楼层平面放线记录 ... 102
4.6 楼层标高抄测记录 ... 104
4.7 建筑物垂直度、标高测量记录 ... 106
4.8 沉降观测记录 ... 108

第5章 施工物资资料管理 ... 112
5.1 施工物资资料管理概述 ... 112
5.2 工程材料、构配件、设备报审表 ... 118
5.3 材料、构配件进场检验记录 ... 122
5.4 材料试验报告 ... 124

第6章 建筑工程施工记录 ... 145
6.1 隐蔽工程检查记录 ... 145

6.2 预检记录 ·· 152
6.3 施工检查记录 ·· 155
6.4 交接检查记录 ·· 157
6.5 地基基础检查记录 ·· 159
6.6 混凝土检查记录 ·· 165
6.7 构件吊装记录 ·· 174
6.8 地下工程防水效果检查记录 ·· 176
6.9 防水工程试水检查记录 ·· 178
6.10 预应力工程施工记录 ··· 181

第7章 建筑工程施工试验记录 ··· 186
7.1 施工试验记录(通用) ··· 186
7.2 回填土施工试验记录 ··· 188
7.3 钢筋连接施工试验记录 ··· 193
7.4 砌筑砂浆施工试验记录 ··· 197
7.5 混凝土施工试验记录 ··· 203
7.6 设备单机试运转记录 ··· 209
7.7 系统试运转调试记录 ··· 211
7.8 灌(满)水试验记录 ·· 213
7.9 吹(冲)洗(脱脂)试验记录 ·· 215
7.10 钢结构工程施工试验记录 ·· 217

第8章 建筑工程施工质量验收记录 ··· 221
8.1 检验批质量验收记录 ··· 221
8.2 分项工程质量验收记录 ··· 225
8.3 分部(子分部)工程质量验收记录 ··· 228
8.4 单位(子单位)工程质量验收 ··· 233

第9章 建筑工程资料归档管理 ··· 243
9.1 竣工图 ··· 243
9.2 工程资料编制与组卷 ··· 248
9.3 工程资料验收与移交 ··· 262

参考文献 ··· 264

第1章 概 论

1.1 工程资料术语及作用

【基 础】

◆ **工程资料**

在工程建设过程中形成的各种形式的信息记录,包括基建文件、监理资料、施工资料和竣工图。

1. 基建文件

建设单位在工程建设过程中形成的文件,分为工程准备文件和竣工验收文件等。

(1)工程准备文件。工程开工以前,在立项、审批、征地、勘察、设计、招投标等工程准备阶段形成的文件。

(2)竣工验收文件。建设工程项目竣工验收活动中形成的文件。

2. 监理资料

监理单位在工程设计、施工等监理过程中形成的资料。

3. 施工资料

施工单位在工程施工过程中形成的资料。

4. 竣工图

工程竣工验收后,真实反映建设工程项目施工结果的图样。

◆ **工程档案**

在工程建设活动中直接形成的具有归档保存价值的文字、图表、声像等各种形式的历史记录。

◆ **立卷**

按照一定的原则和方法,将有保存价值的文件分类整理成案卷的过程,亦称组卷。

◆ **归档**

文件的形成单位完成其工作任务后,将形成的文件整理立卷后,按规定移交档案管理机构。

【实　务】

◆建筑工程资料的作用

收集和整理好建筑工程资料是建筑施工中的一项重要工作，是工程质量管理的组成部分。每个建筑工程竣工验收前必须具备两个条件：一是施工过程中质量技术管理资料达到验收条件；二是建筑物体达到验收条件，二者缺一不可。

一个建筑物体竣工后是看得见摸得着的有形物体，验收时只能在外观上加以评价，但内在施工质量及质量管理实施情况，只能通过验收整个施工过程的有关质量技术资料，看其是否清楚齐全，是否符合有关规范、规程的要求来检验。同时，它又是将来对该建筑物检查、维修、使用、管理、改建的最原始依据。

对于一份排列有序、内容齐全、清楚明了的单位工程施工质量技术资料，必须在施工中根据工程实际物体，按照有关规范、规程去检测、评定，做到物体实际质量等级与资料内所记载的质量数据相符，这是物体质量的实质反映。

1.2　工程资料的管理职责

【基　础】

◆通用职责

(1)工程资料的形成应符合国家相关的法律、法规、规范和施工质量验收标准、工程合同与设计文件等规定。

(2)工程各参建单位应将工程资料的形成和积累纳入工程建设管理的各个环节和有关人员的职责范围。

(3)工程各参建单位应确保各自文件的真实、有效、完整和齐全，对工程资料进行涂改、伪造、随意抽撤、损毁或丢失等的，应按有关规定予以处罚，情节严重的，应依法追究法律责任。

(4)工程资料应随工程进度同步收集、整理并按规定移交。

(5)工程资料应实行分级管理，由建设、监理、施工单位主管(技术)负责人组织本单位工程资料的全过程管理工作。建设过程中工程资料的收集、整理工作和审核工作应有专人负责，并按规定取得相应的岗位资格。

【实　务】

◆ 建设单位职责

（1）应负责基建文件的管理工作，并设专人对基建文件进行收集、整理和归档。

（2）必须向参与工程建设的勘察、设计、监理、施工等单位提供与建设工程有关的资料。

（3）在工程招标及与参建各方签订合同或协议时，应对工程资料和工程档案的编制责任、费用、套数、质量和移交期限等提出明确要求。

（4）由建设单位采购的建筑材料、设备和构配件，建设单位应保证建筑材料、设备和构配件符合设计文件和合同要求，并保证相关物资文件的真实、完整和有效。

（5）应负责监督和检查各参建单位工程资料的形成、积累和立卷工作，也可委托监理单位检查工程资料的形成、积累和立卷工作。

（6）对需建设单位签认的工程资料应签署意见。

（7）应收集和汇总勘察、设计、监理和施工等单位立卷归档的工程档案。

（8）应负责组织竣工图的绘制工作，也可委托设计单位、监理单位或施工单位，并按相关文件规定承担费用。

（9）列入城建档案馆接收范围的工程档案，建设单位应在组织工程竣工验收前，提请城建档案馆对工程档案进行预验收，未取得《建设工程竣工档案预验收意见》的，不得组织工程竣工验收。

（10）建设单位应在工程竣工验收后三个月内将工程档案移交城建档案馆。

◆ 勘察、设计单位职责

（1）应按合同和规范要求提供勘察、设计文件。

（2）对需勘察、设计单位签认的工程资料应签署意见。

（3）工程竣工验收，应出具工程质量检查报告。

◆ 监理单位职责

（1）应负责监理资料的管理工作，并设专人对监理资料进行收集、整理和归档。

（2）应按照合同约定，在勘察、设计阶段，对勘察、设计文件的形成、积累、组卷和归档进行监督、检查；在施工阶段，应对施工资料的形成、积累、组卷和归档进行监督、检查，使工程资料的完整性、准确性符合有关要求。

（3）列入城建档案馆接收范围的监理资料，监理单位应在工程竣工验收后两个月内移交建设单位。

◆ 施工单位职责

（1）应负责施工资料的管理工作，实行技术负责人负责制，逐级建立健全施工资料管理岗位责任制。

(2)应负责汇总各分包单位编制的施工资料,分包单位应负责其分包范围内施工资料的收集和整理,并对施工资料的真实性、完整性和有效性负责。

(3)应在工程竣工验收前,将工程的施工资料整理、汇总完成。

(4)应负责编制两套施工资料,其中一套移交建设单位,另一套自行保存。

◆城建档案馆职责

(1)应负责接收、收集、保管和利用城建档案的日常管理工作。

(2)应负责对城建档案的编制、整理、归档工作进行监督、检查、指导,对国家和各省、市重点、大型工程项目的工程档案编制、整理、归档工作应指派专业人员进行指导。

(3)在工程竣工验收前,应对列入城建档案馆接收范围的工程档案进行预验收,并出具《建设工程竣工档案预验收意见》。

1.3 工程资料的分类

【基 础】

◆工程资料的分类原则

(1)工程资料应按照收集、整体单位和资料类别的不同进行分类。

(2)施工资料分类应根据类别和专业系统划分。

(3)工程资料的分类、整理可参考表1.1。

(4)施工过程中,工程资料的分类、整理和保存均应执行国家及行业的现行法律、法规、规范、标准及地方的有关规定。

【实 务】

◆工程资料的具体分类

工程建设通常把工程资料分为以下四个部分。

(1)基建文件。包括工程可研、立项、审批、征地、拆迁、勘察、设计、招投标、开工审批、概预算以及工程竣工验收等阶段的项目建设文件和资料,由建设单位整理提供。

(2)监理资料。包括监理规划、进度控制、质量控制、投资控制、监理通知、工程总结、合同、勘察、设计、施工等实施过程的监理资料,由监理单位整理提供。

(3)施工资料。包括工程质量验收、工程质量控制、工程安全、功能检查、观感质量检查及竣工图等资料,由施工单位整理提供。

(4)工程档案资料。包括工程档案立卷和移交等,由建设单位整理提供。

施工过程中工程资料的详细分类、整理可以参考工程资料分类表1.1。

表 1.1 工程资料分类表

类别编号	工程资料名称	表格编号（或资料来源）	施工单位	监理单位	建设单位	城建档案馆
A类	基建文件					
A1	决策立项文件					
A1-1	项目建议书	建设单位			•	
A1-2	项目建议书的批复文件	建设主管部门			•	
A1-3	可行性研究报告	工程咨询单位			•	
A1-4	可行性报告的批复文件	有关主管部门			•	
A1-5	关于立项的会议纪要、领导批示	组织单位			•	
A1-6	专家对项目的有关建议文件	建设单位			•	
A1-7	项目评估研究资料	建设单位			•	
A2	建设用地、征地、拆迁文件					
A2-1	征占用地的批准文件和对使用国有土地的批准意见	政府有关部门			•	
A2-2	规划意见书及附图	北京市规划委			•	
A2-3	建设用地规划许可证、许可证附件及附图	北京市规划委			•	
A2-4	国有土地使用证	北京市国有土地管理部门			•	
A2-5	国有土地使用权出让交易文件	交易双方			•	
A3	勘察、测绘、设计文件					
A3-1	工程地质勘察报告	勘察单位	•		•	•
A3-2	水文地质勘察报告	勘察单位	•		•	•
A3-3	建设用地钉桩通知单	北京市规划委	•		•	
A3-4	验线合格文件	北京市规划委	•		•	•
A3-5	审定设计方案通知书及附图	北京市规划委			•	•
A3-6	审定设计方案通知书要求征求有关人防环保、消防、交通、园林、市政、文物、通信、保密河湖、教育等部门的审查意见和要求取得的有关协议	有关部门			•	
A3-7	初步设计图及说明	设计单位			•	
A3-8	施工图设计及说明	设计单位			•	
A3-9	设计计算书	设计单位			•	
A3-10	消防设计审核意见	北京市消防局			•	
A3-11	施工图审查通知书	审查机械			•	
A4	工程招投标及承包合同文件					
A4-1	勘察招投标文件	建设、勘察单位			•	
A4-2	设计招投标文件	建设、设计单位			•	
A4-3	施工招投标文件	建设、施工单位	•		•	
A4-4	监理招标文件	建设、监理单位			•	
A4-5	勘察合同	建设、勘察单位			•	
A4-6	设计合同	建设、设计单位			•	
A4-7	施工合同	建设、施工单位	•	•	•	
A4-8	监理合同	建设、监理单位		•	•	
A5	工程开工文件					
A5-1	年度施工任务批准文件	北京市建委			•	
A5-2	修改工程施工图通知书	北京市规划委			•	
A5-3	建设工程规划许可证、附件及附图	北京市规划委	•		•	•

续表1.1

类别编号	工程资料名称	表格编号（或资料来源）	归档保存单位 施工单位	归档保存单位 监理单位	归档保存单位 建设单位	归档保存单位 城建档案馆
A5-4	建设工程施工许可证	北京市建委	•	•	•	•
A5-5	工程质量监督手续	质量监督机构	•	•	•	•
A6	商务文件					
A6-1	工程投资估算文件	工程造价咨询单位			•	
A6-2	工程设计概算	工程造价咨询单位			•	
A6-3	施工图预算	工程造价咨询单位	•	•	•	
A6-4	施工预算	施工单位	•			
A6-5	工程结、决算	合同双方	•		•	
A6-6	交付使用固定资产清单	建设单位			•	•
A6-7	建设工程概况	表A6-7			•	•
A7	工程竣工验收及备案文件					
A7-1	建设工程竣工验收备案表	建设单位			•	•
A7-2	工程竣工验收报告	建设单位			•	•
A7-3	由规划、公安消防、环保等部门出具的认可文件或准许使用文件	主管部门			•	•
A7-4	《房屋建筑工程质量保修书》	建设与施工单位	•		•	•
A7-5	《住宅质量保证书》、《住宅使用说明书》	建设单位			•	•
A7-6	建设工程规划验收合格文件	北京市规划委	•	•	•	•
A7-7	建设工程竣工档案验收意见	城建档案馆			•	•
A8	其他文件					
A8-1	合同约定由建设单位采购的材料、构配件和设备的质量证明文件及进场报验文件	建设单位	•		•	•
A8-2	工程竣工总结	建设单位			•	•
A8-3	工程未开工前的原貌、竣工新貌照片	建设单位			•	•
A8-4	工程开工、施工、竣工的录音录像资料	建设单位			•	•
B类	监理资料					
B1	监理管理资料					
	监理规划、监理实施细则	监理单位		•	•	•
	监理月报	监理单位		•		
	监理会议纪要	监理单位	•	•	•	
	监理工作日志	监理单位		•		
	监理工作总结（专题、阶段和竣工总结）	监理单位		•	•	•
B2	监理工作记录					
	工程技术文件报审表	表B2-1(A1监)	•	•	•	
	施工测量放线报验表	表B2-2(A2监)	•	•		
	施工进度计划报审表	表B2-3(A3监)	•	•	•	
	工程物资进场报验表	表B2-4(A4监)	•	•		
	工程动工报审表	表B2-5(A5监)	•	•	•	
	分包单位资质报审表	表B2-6(A6监)	•	•	•	
	分项/分部工程施工报验表	表B2-7(A7监)	•	•		
	（　）月工、料、机动态表	表B2-8(A9监)	•	•		
	工程复工报审表	表B2-9(A10监)	•	•	•	
	（　）月工程进度款报审表	表B2-9(A11监)	•	•	•	
	工程变更费用报审表	表B2-11(A12监)	•	•	•	
	费用索赔申请表	表B2-12(A13监)	•	•	•	
	工程款支付申请表	表B2-13(A14监)	•	•	•	

第1章 概 论

续表1.1

类别编号	工程资料名称	表格编号（或资料来源）	归档保存单位			
			施工单位	监理单位	建设单位	城建档案馆
B2	工程延期申请表	表B2-14(A15监)	·	·	·	
	监理通知回复单	表B2-15(A16监)	·	·	·	
	监理通知	表B2-16(B1监)	·	·	·	
	监理抽检记录	表B2-17(B2监)	·	·	·	
	不合格项处置记录	表B2-18(B3监)	·	·	·	
	工程暂停令	表B2-19(B4监)	·	·	·	
	工程延期审批表	表B2-20(B5监)	·	·	·	
	费用索赔审批表	表B2-21(B6监)	·	·	·	
B2	工程款支付证书	表B2-22(B7监)	·	·	·	
	旁站监理记录	表B2-23	·	·	·	
	质量事故报告及处理资料	责任单位	·	·	·	·
	见证取样备案文件	附表F	·	·	·	
B3	竣工验收资料					
	单位工程竣工预验收报验单	表B3-1(A8监)	·	·	·	
	竣工移交证书	表B3-2(B8监)	·	·	·	
	工程质量评估报告	监理单位	·	·	·	
B4	其他资料					
	工作联系单	表B4-1(C1监)	·	·	·	
	工程交变单	表B4-1(C1监)	·	·	·	
C类	施工资料					
	工程管理与验收资料					
	工程概况表	表C0-1	·	·	·	·
	建设工程质量事故调(勘)查笔录	表C0-2	·	·	·	·
	建设工程质量事故报告书	表C0-3	·	·	·	·
	单位(子单位)工程质量竣工验收记录	见附表D	·	·	·	·
C0	单位(子单位)工程质量控制资料核查记录	见附表D	·	·	·	·
	单位(子单位)工程安全和功能检查资料核查及主要功能抽查记录	见附表D	·	·	·	·
	单位(子单位)工程观感质量检查记录	见附表D	·	·	·	·
	室内环境检测报告	检测单位提供	·	·	·	·
	施工总结	施工单位编制	·	·	·	·
	工程竣工报告	施工单位编制	·	·	·	·
	施工管理资料					
	施工现场质量管理检查记录	表C1-1	·			
C1	企业资质证书及相关专业人员岗位证书	施工单位提供	·			
	见证记录	监理单位提供	·			
	施工日志	表C1-2	·			
	施工技术资料					
	施工组织设计及施工方案	施工单位编制	·			
C2	技术交底记录	表C2-1	·			
	图纸会审记录	表C2-2	·	·	·	·
	设计变更通知单	表C2-3	·	·	·	·
	工程洽商记录	表C2-4	·	·	·	·

续表1.1

类别编号	工程资料名称	表格编号（或资料来源）	施工单位	监理单位	建设单位	城建档案馆
C3	施工测量记录					
	工程定位测量记录	表C3-1	•	•	•	•
	基槽验线记录	表C3-2	•	•	•	•
	楼层平面放线记录	表C3-3	•			
	楼层标高抄测记录	表C3-4	•			
	建筑物垂直度、标高测量记录	表C3-5	•	•	•	•
	沉降观测记录	测量单位提供	•	•	•	•
C4	施工物资资料					
	通用表格					
	材料、构配件进场检验记录	表C4-1	•			
	材料试验报告（通用）	表C4-2	•	•		
	设备开箱检验记录（机电通用）	表C4-3	•			
	设备及管道附件试验记录（机电通用）	表C4-4	•			
	建筑与结构工程					
	出厂质量证明文件					
	各种物资出厂合格证、质量保证书和商检证等	供应单位提供	•	•		
	半成品钢筋出厂合格证	表4-5	•			
	预制混凝土构件出厂合格证	表4-6	•			
	钢构件出厂合格证	表4-7	•			
	预拌混凝土出厂合格证	表4-8	•			•
	检测报告					
	钢材性能检测报告	供应单位提供	•	•	•	•
	水泥性能检测报告	供应单位提供	•	•		
	外加剂性能检测报告	供应单位提供	•	•		
	防水材料性能检测报告	供应单位提供	•	•	•	
	砖（砌块）性能检测报告	供应单位提供	•	•		
	门、窗性能检测报告（建筑外窗应有三性检测报告）	供应单位提供	•	•	•	
	吊顶材料性能检测报告	供应单位提供	•	•		
	饰面板材性能检测报告	供应单位提供	•	•		
	饰面石材性能检测报告	供应单位提供	•	•		
	饰面砖性能检测报告	供应单位提供	•	•		
	涂料性能检测报告	供应单位提供	•	•		
	玻璃性能检测报告（安全玻璃应有安全检测报告）	供应单位提供	•	•		
	壁纸、墙布防火、阻燃性能检测报告	供应单位提供	•	•		
	装修用黏结剂性能检测报告	供应单位提供	•	•		
	防火涂料性能检测报告	供应单位提供	•	•		
	隔声/隔热/阻燃/防潮材料特殊性能检测报告	供应单位提供	•	•		
	钢结构用焊接材料检测报告	供应单位提供	•	•		
	高强度大六角头螺栓连接副扭矩系数检测报告	供应单位提供	•	•		
	扭剪型高强螺栓连接副预拉力检测报告	供应单位提供	•	•		
	木结构材料检测报告（含水率、木构件、钢件）	供应单位提供	•	•		

续表1.1

类别编号	工程资料名称	表格编号（或资料来源）	归档保存单位			
			施工单位	监理单位	建设单位	城建档案馆
C4	幕墙性能检测报告(三性试验)	供应单位提供	·		·	·
	幕墙用硅酮结构胶检测报告	供应单位提供	·		·	·
	幕墙用玻璃性能检测报告	供应单位提供	·		·	·
	幕墙用石材性能检测报告	供应单位提供	·		·	·
	幕墙用金属板性能检测报告	供应单位提供	·		·	·
	材料污染物含量检测报告（执行GB50325—2001）	供应单位提供	·		·	·
	复试报告					
	钢材试验报告	表C4-9	·	·	·	·
	水泥试验报告	表C4-10	·	·	·	·
	砂试验报告	表C4-11	·	·	·	·
	碎(卵)石试验报告	表C4-12	·	·	·	
	外加剂试验报告	表C4-13	·	·	·	
	掺和料试验报告	表C4-14	·	·	·	
	防水涂料试验报告	表C4-15	·	·	·	
	防水卷材试验报告	表C4-16	·	·	·	
	砖(砌块)试验报告	表C4-17	·	·	·	·
	轻集料试验报告	表C4-18	·	·	·	
	预应力筋复试报告	检测单位提供	·	·	·	
	预应力锚具、夹具和连接器复试报告	检测单位提供	·	·	·	
	装饰装修用门窗复试报告	检测单位提供	·	·	·	
	装饰装修用人造木板复试报告	检测单位提供	·	·	·	
	装饰装修用花岗石复试报告	检测单位提供	·	·	·	
	装饰装修用安全玻璃复试报告	检测单位提供	·	·	·	
	装饰装修用外墙面砖复试报告	检测单位提供	·	·	·	
	钢结构金相试验报告	检测单位提供	·	·	·	
	钢结构用钢材复试报告	检测单位提供	·	·	·	
	钢结构用焊接材料复试报告	检测单位提供	·	·	·	
	钢结构用高强度大六角头螺栓连接副复试报告	检测单位提供	·	·	·	
	钢结构用扭剪型高强螺栓连接副复试报告	检测单位提供	·	·	·	
	木结构材料复试报告	检测单位提供	·	·	·	
	幕墙用铝塑板复试报告	检测单位提供	·	·	·	·
	幕墙用石材复试报告	检测单位提供	·	·	·	
	幕墙用安全玻璃复试报告	检测单位提供	·	·	·	
	幕墙用结构胶复试报告	检测单位提供	·	·	·	
	建筑给水、排水及采暖工程					
	管材产品质量证明文件					
	主要材料、设备等产品质量合格证及检测报告	供应单位提供	·		·	
	绝热材料产品质量合格证、检测报告	供应单位提供	·		·	
	给水管道材料卫生检测报告	供应单位提供	·		·	
	成品补偿器预拉伸证明书	供应单位提供	·		·	
	卫生洁具环保检测报告	供应单位提供	·		·	
	锅炉(承压设备)焊缝无损探伤检测报告	供应单位提供	·		·	

续表1.1

类别编号	工程资料名称	表格编号（或资料来源）	施工单位	监理单位	建设单位	城建档案馆
C4	水表、热量表计量检定证书	供应单位提供	·		·	
	安全阀、减压阀调试报告及定压合格证书	分别由试验单位及供应单位提供	·			
	主要器具和设备安装使用说明书	供应单位提供	·		·	
	建筑电气工程					
	低压成套配电柜、动力、照明配电箱（盘柜）出厂合格证、生产许可证、试验记录、CCC认证及证书复印件	供应单位提供	·		·	
	电力变压器、柴油发电机组、高压成套配电柜、蓄电池柜、不间断电源柜、控制柜（屏、台）出厂合格证、生产许可证和试验记录	供应单位提供	·		·	
	电动机、电加热器、电动执行机构和低压开关设备合格证、生产许可证、CCC认证及证书复印件	供应单位提供	·		·	
	照明灯具、开关、插座、风扇及附件出厂合格证、CCC认证及证书复印件	供应单位提供	·		·	
	电线、电缆出厂合格证、生产许可证、CCC认证及证书复印件	供应单位提供	·		·	
	导管、电缆桥架和线槽出厂合格证	供应单位提供	·			
	型钢和电焊合格证和材质证明书	供应单位提供	·			
	镀锌制品（支架、横担、接地极、避雷用型钢等）和外线金具合格证和镀锌质量证明书	供应单位提供	·			
	封闭母线、插接母线合格证、安装技术文件、CCC认证及证书复印件	供应单位提供	·			
	裸母线、裸导线、电缆头部件及接线端子、钢制灯柱、混凝土电杆和其他混凝土制品合格证	供应单位提供	·			
	主要设备安装技术文件	供应单位提供	·		·	
	智能建筑系统工程（执行现行标准、规范）	专业施工单位提供	·			
	通风与空调工程					
	制冷机组等主要设备和部件产品合格证、质量证明文件	供应单位提供	·		·	
	阀门、疏水器、水箱、分集水器、减震器、储冷罐、集气罐、仪表、绝热材料等出厂合格证、质量证明及检测报告	供应单位提供	·		·	
	板材、管材等质量证明文件					
	主要设备安装使用说明书	供应单位提供	·		·	
	电梯工程					
	电梯设备开箱检验记录	表C4-19	·		·	
	电梯主要设备、材料及附件出厂合格证、产品说明书、安装技术文件	供应单位提供	·		·	

续表1.1

类别编号	工程资料名称	表格编号（或资料来源）	施工单位	监理单位	建设单位	城建档案馆
C5	施工记录					
	通用表格					
	隐蔽工程检查记录	表C5-1	•		•	•
	预检记录	表C5-2	•			
	施工检查记录（通用）	表C5-3	•			
	交接检查记录	表C5-4	•			
	建筑与结构工程					
	基坑支护变形监测记录	专业施工单位提供	•			
	桩（地）基施工记录	专业施工单位提供	•		•	•
	地基验槽检查记录	表C5-5	•		•	
	地基处理记录	表C5-6	•			
	地基钎探记录（应附图）	表C5-7	•			
	混凝土浇灌申请书	表C5-8	•	•		
	预拌混凝土运输单	表C5-9	•			
	混凝土开盘鉴定	表C5-10	•			
	混凝土拆模申请单	表C5-11	•			
	混凝土搅拌测温记录	表C5-12	•			
	混凝土养护测温记录（应附图）	表C5-13	•			
	大体积混凝土养护测温记录（应附图）	表C5-14	•			
	构件吊装记录	表C5-15	•			
	焊接材料烘焙记录	表C5-16	•			
	地下工程防水效果检查记录	表C5-17	•			
	防水工程试水检查记录	表C5-18	•			
	通风（烟）道、垃圾道检查记录	表C5-19	•			
	预应力筋张拉记录（一）	表C5-20	•		•	•
	预应力筋张拉记录（二）	表C5-21	•		•	•
	有黏结预应力结构灌浆记录	表C5-22	•			
	钢结构施工记录	专业施工单位提供	•			
	网架（索膜）施工记录	专业施工单位提供	•			
	木结构施工记录	专业施工单位提供	•			
	幕墙注胶检查记录	专业施工单位提供	•			
	电梯工程					
	电梯承重梁、起重吊环埋设隐蔽工程检查记录	表C5-23	•		•	•
	电梯钢丝绳头灌注隐蔽工程检查记录	表C5-24	•			
	电梯导轨、层门的支架、螺栓埋设隐蔽工程检查记录	表C5-25	•			
	电梯电气装置安装检查记录（一）～（三）	表C5-26	•			
	电梯机房、井道预检记录	表C5-27	•			
	自动扶梯、自动人行道安装与土建交接预检记录	表C5-28	•			
	自动扶梯、自动人行道的相邻区域检查记录	表C5-29	•			
	自动扶梯、自动人行道电气装置检查记录（一）、（二）	表C5-30	•			
	自动扶梯、自动人行道整机安装质量检查记录	表C5-31	•			

续表1.1

类别编号	工程资料名称	表格编号（或资料来源）	归档保存单位 施工单位	归档保存单位 监理单位	归档保存单位 建设单位	归档保存单位 城建档案馆
C6	施工试验记录					
	通用表格					
	施工试验记录(通用)	表C6-1	·		·	
	设备单机试运转记录(机电通用)	表C6-2	·		·	
	系统试运转调试记录(机电通用)	表C6-3	·		·	
	建筑与结构工程					
	锚杆、土钉锁定力(抗拔力)试验报告	检测单位提供	·		·	
	地基承载力检验报告	检测单位提供	·	·	·	·
	桩检测报告	检测单位提供	·	·	·	·
	土工击实试验报告	表C6-4	·		·	
	回填土试验报告(应附图)	表C6-5	·	·	·	·
	钢筋机械连接形式检验报告	技术提供单位提交	·		·	
	钢筋连接工艺检验(评定)报告	检测单位提供	·		·	
	钢筋连接试验报告	表C6-6	·		·	
	砂浆配合比申请单、通知单	表C6-7	·		·	
	砂浆抗压强度试验报告	表C6-8	·		·	
	砌筑砂浆试块强度统计、评定记录	表C6-9	·		·	
	混凝土配合比申请单、通知单	表C6-10	·		·	
	混凝土抗压强度试验报告	表C6-11	·		·	
	混凝土试块强度统计、评定记录	表C6-12	·		·	
	混凝土抗渗试验报告	表C6-13	·		·	
	混凝土碱总量计算书	混凝土供应单位提供	·		·	
	饰面砖黏结强度试验报告	表C6-14	·		·	
	后置埋件拉拔试验报告	检测单位提供	·		·	
	超声波探伤报告	表C6-15	·	·	·	·
	超声波探伤记录	表C6-16	·		·	
	钢构件射线探伤报告	表C6-17	·	·	·	·
	磁粉探伤报告	检测单位提供	·		·	
	高强螺栓抗滑移系数检测报告	检测单位提供	·		·	
	钢结构焊接工艺评定	检测单位提供	·		·	
	网架节点承载力试验报告	检测单位提供	·	·	·	·
	钢结构涂料厚度检测报告	检测单位提供	·		·	
	木结构胶缝试验报告	检测单位提供	·		·	
	木结构构件力学性能试验报告	检测单位提供	·		·	
	木结构防护剂试验报告	检测单位提供	·		·	
	幕墙双组分硅氧烷结构胶混匀性及拉断试验报告	检测单位提供	·		·	
	给排水及采暖工程					
	灌(满)水试验记录	表C6-18	·		·	
	强度严密性试验记录	表C6-19	·		·	
	通水试验记录	表C6-20	·		·	
	吹(冲)洗(脱脂)试验记录	表C6-21	·		·	
	通球试验记录	表C6-22	·		·	
	补偿器安装记录	表C6-23	·		·	
	消火栓试射记录	表C6-24	·		·	
	安全附件安装检查记录	表C6-25	·		·	

续表1.1

类别编号	工程资料名称	表格编号（或资料来源）	施工单位	监理单位	建设单位	城建档案馆
C6	锅炉封闭及烘炉(烘干)记录	表C6-26	·		·	
	锅炉煮炉试验记录	表C6-27	·		·	
	锅炉试运行记录	表C6-28	·		·	
	安全阀调试记录	试验单位提供	·		·	
	建筑电气工程					
	电气接地电阻测试记录	表C6-29	·		·	
	电气防雷接地装置隐检与平面示意图	表C6-30	·		·	
	电气绝缘电阻测试记录	表C6-31	·		·	
	电气器具通电安全检查记录	表C6-32	·		·	
	电气设备空载试运行记录	表C6-33	·		·	
	建筑物照明通电试运行记录	表C6-34	·		·	
	大型照明灯具承载试验记录	表C6-35	·		·	
	高压部分试验记录	检测单位提供	·		·	
	漏电开关模拟试验记录	表C6-36	·		·	
	电度表检定记录	检定单位提供	·		·	
	大容量电气线路节点测温记录	表C6-37	·		·	
	避雷带支架拉力测试记录	表C6-38	·		·	
	智能建筑工程(执行现行标准、规范)	专业施工单位提供				
	通风与空调工程					
	风管漏光检测记录	表C6-39	·		·	
	风管漏风检测记录	表C6-40	·		·	
	现场组装除尘器、空调机漏风检测记录	表C6-41	·		·	
	各房间室内风量温度测量记录	表C6-42	·		·	
	管网风量平衡记录	表C6-43	·		·	
	空调系统试运转调试记录	表C6-44	·		·	·
	空调水系统试运转调试记录	表C6-45	·		·	·
	制冷系统气密性试验记录	表C6-46	·		·	·
	净化空调系统测试记录	表C6-47	·		·	·
	防排烟系统联合试运行记录	表C6-48	·		·	·
	电梯工程					
	轿厢平层准确度测量记录	表C6-49	·		·	
	电梯层门安全装置检验记录	表C6-50	·		·	
	电梯电气安全装置检验记录	表C6-51	·		·	
	电梯整机功能检验记录	表C6-52	·		·	
	电梯主要功能检验记录	表C6-53	·		·	
	电梯负荷运行试验记录	表C6-54	·		·	
	电梯负荷运行试验曲线图	表C6-55	·		·	
	电梯噪声测试记录	表C6-56	·		·	
	自动扶梯、自动人行道安全装置检验记录(一)、(二)	表C6-57	·		·	
	自动扶梯、自动人行道整机性能、运行试验记录	表C6-58	·		·	

续表1.1

类别编号	工程资料名称	表格编号（或资料来源）	归档保存单位 施工单位	监理单位	建设单位	城建档案馆
C7	结构实体混凝土强度验收记录	表C7-1	·	·	·	
	结构实体钢筋保护层厚度验收记录	表C7-2	·	·	·	
	钢筋保护层厚度试验记录	表C7-3	·	·	·	
C7	检验批质量验收记录表	执行GB50300和专业施工质量验收规范	·	·	·	
	分项工程质量验收记录表		·	·	·	
	分部(子分部)工程验收记录表		·	·	·	
D	竣工图	编制单位提供	·	·	·	·

注：本表的归档保存单位是指竣工后有关单位对工程资料的归档保存，施工过程中工程资料的留存应按有总面积谋私约定执行。

1.4 工程资料的编号

【基　　础】

◆**分部(子分部)工程划分及代号规定**

(1)分部(子分部)工程代号规定是参考《建筑工程施工质量验收统一标准》(GB 50300—2001)的分部(子分部)工程划分原则与国家质量验收推荐表格编码要求，并结合施工资料类别编号特点制定。

(2)建筑工程共分九个分部工程，分部(子分部)工程划分及代号应符合有关监理资料用表的规定。

(3)对于专业化程度高、技术先进、施工工艺复杂的子分部(分项)工程，应分别单独组卷。需单独组卷的子分部(分项)工程名称及代号应符合表1.2的规定。

表1.2 单独组卷子的分部(分项)工程名称及代号

部分工程名称	部分工程代号	应单独组卷的子分部(分项)工程	应单独组卷的子分部(分项)工程代号
地基与基础	01	有支护土方	02
		地基(复合)	03
		桩基	04
		钢结构	09
主体结构	02	预应力	01
		钢结构	04
		木结构	05
		网架与索膜	06
建筑装饰装修	03	幕墙	07
建筑屋面	04		—
建筑给水、排水及采暖	05	供热锅炉辅助设备	10

续表1.2

部分工程名称	部分工程代号	应单独组卷的子分部(分项)工程	应单独组卷的子分部(分项)工程代号
建筑电气	06	变配电室(高压)	02
智能建筑	07	通信网络系统	01
		建筑设备监控系统	03
		火灾报警及消防联动系统	04
		安全防范系统	05
		综合布线系统	06
		环境	09
通风与空调	08	—	—
电梯	09	—	—

◆施工资料编号的组成

(1)施工资料编号应填入右上角的编号栏。

(2)通常情况下,资料编号应7位编号,由分部工程代号(2位)、资料类别编号(2位)和顺序号(3位)组成,每部分之间用横线隔开。

编号形式如下：

$$\underline{\times\times}_{①}-\underline{\times\times}_{②}-\underline{\times\times}_{③} \rightarrow 共7位编号$$

①分部工程代号(共2位),应根据资料所属的分部工程,按表1.2规定的代号填写。

②资料类别编号(共2位),应根据资料所属类别,按表1.1《工程资料分类表》规定的类别编号填写。

③顺序号(共3位),应根据相同表格、相同检查项目,按时间自然形成的先后顺序号填写,例如：

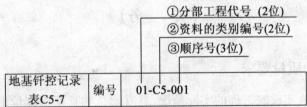

(3)应单独组卷的子分部(分项)工程(见表1.2),资料编号应为9位编号,由分部工程代号(2位)、子分部(分项)工程代号(2位)、资料类别编号(2位)和顺序号(3位)组成,每部分之间用横线隔开。

编号形式如下：

$$\underline{\times\times}_{①}-\underline{\times\times}_{②}-\underline{\times\times}_{③}-\underline{\times\times\times}_{④} \rightarrow 共9位编号$$

①分部工程代号(2位),应根据资料所属的分部工程,按表1.2规定的代号填写。

②子分部(分项)工程代号(2位),应根据资料所属的子分部(分项)工程,按表1.2规定的代号填写。

③资料类别编号(2位),应根据资料所属类别,按表1.1《工程资料分类表》规定的类别

编号填写。

④顺序号(共3位),应根据相同表格、相同检查项目,按时间自然形式的先后顺序号填写。例如:

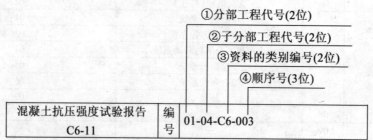

◆ **施工资料的类别编号及顺序号填写原则**

施工资料的类别编号应依据表1.1《工程资料分类表》的要求,按 C1～C7 类填写。

对于施工专用表格,顺序号应按时间先后顺序,用阿拉伯数字从 001 开始连续标注。对于同一施工表格(如预检记录、隐蔽工程检查记录等)涉及多个(子)分部工程时,顺序号应按(子)分部工程的不同,按(子)分部工程的各检查项目分别从 001 开始连续标注。无统一表格或外部提供的施工资料时,应在资料的右上角注明编号。

◆ **监理资料编号**

监理资料编号应填入右上角的编号栏。对于相同的表格或相同的文件材料,应分别按时间自然形成的先后顺序从 001 开始,连续标注。监理资料中的施工测量放线报验申请表、工程材料、构配件、设备报审表应根据报验项目编号,对于相同的报验项目,应分别按时间自然形成的先后顺序从 001 开始,连续标注。

【实 务】

◆ **工程资料编制的质量要求**

(1)工程资料应真实反映工程的实际情况,具有永久和长期保存价值的材料必须完整、准确和系统。

(2)工程资料应使用原件,由于各种原因不能使用原件的,应在复印件上加盖原件存放单位公章,注明原件存放处,并有经办人签字及时间。

(3)工程资料应保证字迹清晰,签字、盖章手续齐全,签字应符合档案管理的要求。计算机形成的工程资料应采用内容打印、手工签名的方式。

(4)工程档案的填写和编制应符合档案缩微管理和计算机输入的要求。

(5)工程档案的缩微制品,在制作方面必须按国家缩微标准进行,主要技术指标(密度、解像力、海波残留量等)应符合国家标准规定,确保质量,以适应长期安全保管。

(6)施工图的变更、洽商绘图应符合技术要求,凡采用施工蓝图改绘竣工图的,必须使用反差明显的蓝图,竣工图图面应整洁。

(7)工程资料的照片(含底片)及声像档案,应图像清晰,声音清楚,文字说明或内容准确。

1.5 工程资料的管理流程

【基础】

◆**工程资料管理基本规定**

(1)施工资料应实行报验、报审管理。施工过程中形成的资料应按报验、报审程序,通过相关施工单位审核后,才能报建设(监理)单位。

(2)施工资料的报验、报审应有时限性要求。工程相关各单位宜在合同中约定报验、报审资料的申报时间及审批时间,并约定应承担的责任。当无约定时,施工资料的申报、审批不得影响正常施工。

(3)建筑工程实行总承包的,应在与分包单位签订施工合同中明确施工资料的移交时间、移交套数、质量要求及验收标准等。分包工程完工后,应将有关施工资料按约定移交。

【实务】

◆**工程资料管理具体流程**

1. 分项工程质量验收流程

分项工程质量验收流程见图1.1。

2. 施工技术资料管理流程

施工技术资料管理流程见图1.2。

3. 施工质量验收记录管理流程

施工质量验收记录管理流程见图1.3。

4. 子分部工程质量验收流程

子分部工程质量验收流程见图1.4。

5. 施工物资资料管理流程

施工物资资料管理流程见图1.5。

6. 工程验收资料管理流程

工程验收资料管理流程见图1.6。

7. 分部工程质量验收流程

分部工程质量验收流程见图1.7。

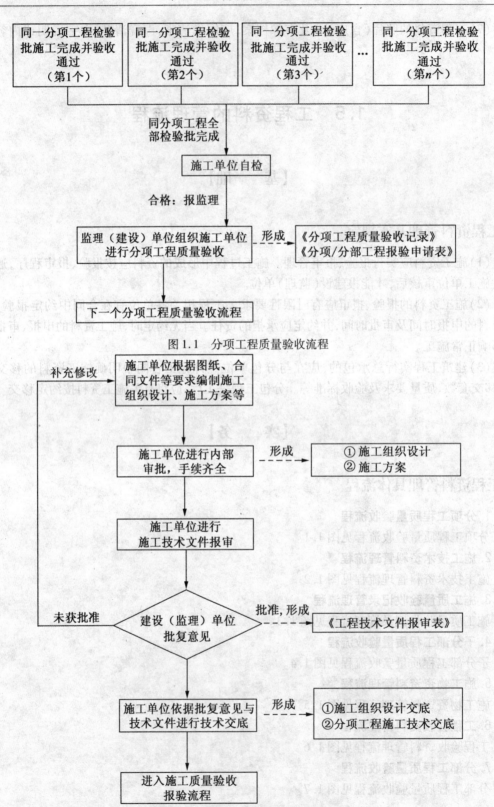

图1.1 分项工程质量验收流程

图1.2 施工技术资料管理流程

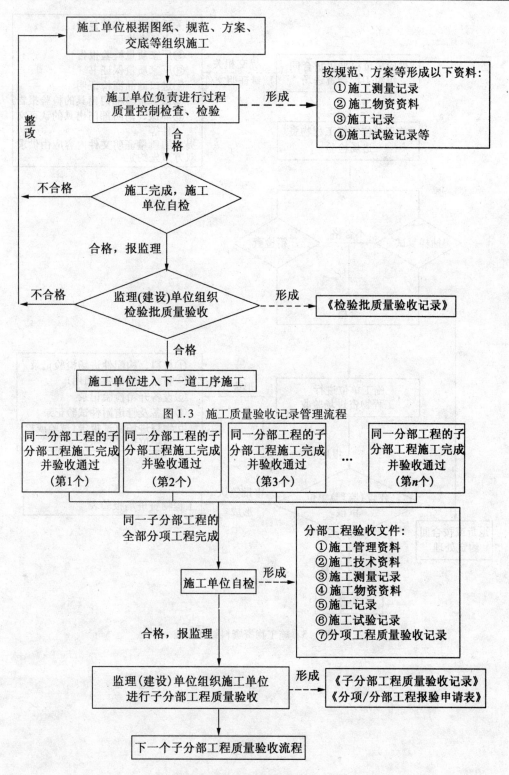

图1.3 施工质量验收记录管理流程

图1.4 子分部工程质量验收流程

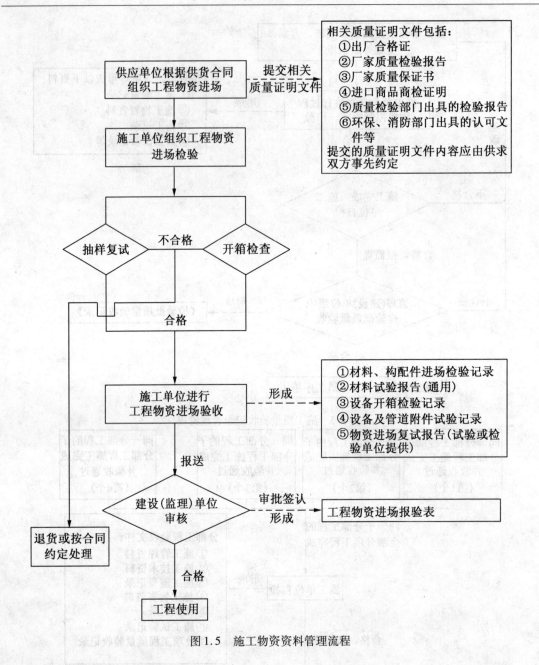

图1.5 施工物资资料管理流程

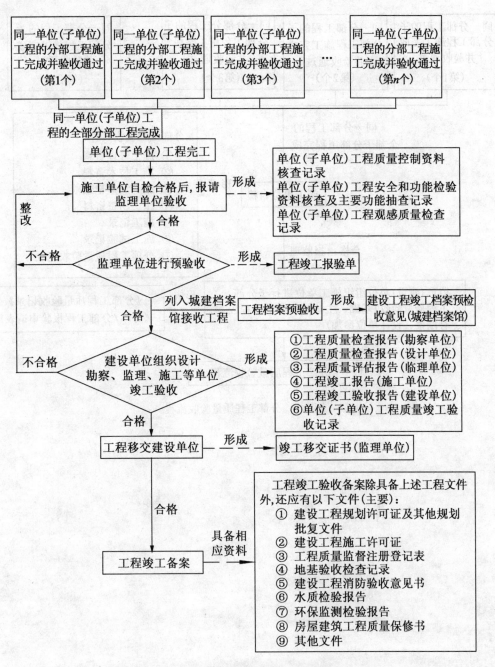

1.6 工程验收资料管理流程

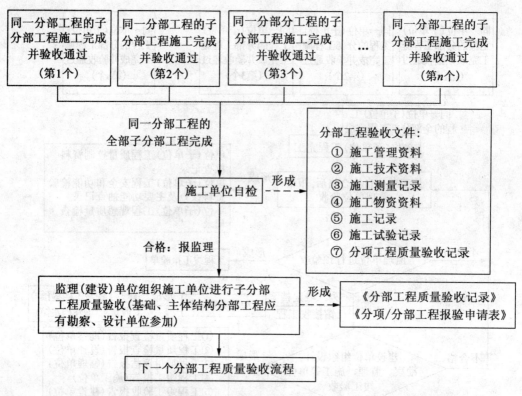

图 1.7 分部工程质量验收流程

第2章 基建文件管理

2.1 基建文件

【基　　础】

◆基建文件管理一般规定

从事工程建设活动应当依照法律、法规的规定,遵照工程建设程序办理,按照前后顺序完成一个建设项目,要依次经过可行性研究、立项审批、建设用地和城市规划许可、工程勘察、工程设计、工程施工、工程竣工验收、交付使用等过程。工程基本建设资料也要依次在实施中形成。

涉及向政府行政主管部门申报的基建文件,必须按照行政主管部门的有关规定执行。

基建文件管理的一般规定归纳如下。

(1)基建文件必须按照有关行政主管部门的规定和要求进行申报、审批,并确保开、竣工手续和文件完整、齐全。

(2)工程竣工验收由建设单位组织勘察、设计、监理、施工等有关单位进行,并形成竣工验收文件。

(3)工程竣工后,建设单位应负责工程竣工备案工作,按照竣工备案的有关规定,提交完整的竣工备案文件,报给竣工备案管理部门备案。

【实　　务】

◆基建文件管理具体流程

基建文件管理流程如图2.1所示。

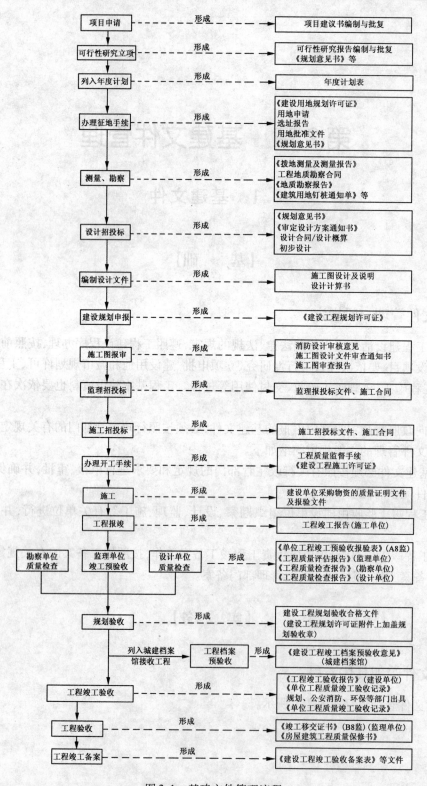

图 2.1 基建文件管理流程

2.2 基建文件的内容

【基　　础】

◆**决策立项文件**

1. 项目建议书

项目建议书是一份建议形式的文件，主要由文字组成。这份文件主要由建设单位编制并申报。

项目建议书的主要内容包括建设项目提出的主要依据；产品方案、拟建规模和建设地点的初步设想；资源情况、建设条件、协作关系和引进国别、厂房的初步分析；引进技术、进口设备需证明进口的理由；投资结算和资金等筹措计划；项目的实施进度计划；经济效果和社会效益的测算。

2. 项目建议书的批复文件

项目建议书的批复文件是指由上级部门或国家有关主管部门，对项目建设书批准文件，以此文件直接归存。

3. 可行性研究报告

可行性研究是对新建、扩建项目的一些主要问题从经济和技术两个方面进行调查研究、分析比较，并预测此项目建成后可能取得的技术经济效果，以此来评价出该项目的可建性与实施意见，并为项目决策提供可靠的依据。

可行性研究的内容包括以下几个方面。

(1) 根据市场与经济的预测确定产品方案和建设规模。

(2) 建厂的地理位置与条件。

(3) 对各种原材料、资源、燃料及公用设施的落实。

(4) 技术工艺、主要设备选型、建设标准和相应的技术指标，成套设备进口项目（应具有维修材料）、辅助及配件供应的安排，引进技术、设备来源国别、设备的国内外分交或与外商合作制造的设想，对有关部门协作配套供应的要求。

(5) 环境、文物的保护、防裂、防洪、防空、城市规划等要求和采取的措施方案。

(6) 主要单项工程、公共辅助设施、厂区布置方案和土建工程量的结算。

(7) 企业组织、劳动定员和人员培训计划。

(8) 建设工期和实施进度。

(9) 投资结算和资金筹措。

(10) 经济效果和社会效益。

4. 可行性报告的批复文件

(1) 小型项目按隶属关系，由各主管部门、各省、自治区、直辖市审批。

(2) 大中型项目报国家计划部门审批，或由国家计划部门委托有关单位审批。

(3) 重大项目或特大项目报国务院审批。

5. 关于立项的会议纪要、领导批示

这类文件是指在立项过程中,会议纪要、领导批示的文件资料,由建设单位或其上级主管单位形成,应按实际形成的文件资料直接归存。

6. 专家对项目的有关建议文件

这类文件是指在立项过程中,由建设单位组织形成的专家建议资料。

7. 项目评估研究资料

项目评估资料是指对可行性研究报告的客观性、全面性、准确性进行评价与选择,并出具评估报告。通过批准后审批立项,颁发批准文件。

8. 项目评估研究资料的基本内容

项目评估研究资料的基本内容包括项目建设的必要性;建设规模和产品方案;厂址(地址或路线规划方案);建设工程的方案和标准;工艺、技术和设备的先进性、适用性和可靠性;外部协作配备项目和配合条件;环境保护;投资结算及投资来源;国民经济评价;财务评价;不确定性分析;社会效益评价;项目总评估。

◆ 建设用地、征地与拆迁文件

1. 征占用地的批准文件和对使用国有土地的批准意见

(1)工程项目建设的最基本条件是征用土地,要在工程设计时办理完规划用地许可证和拆迁安置协议等有关事宜。

(2)建设单位持有按国家基本建设程序批准的建设项目立项的有关证明文件,向城市规划管理部门提出用地申请,填写规划审批申报表及把有关文件准备好。

(3)建设用地规划许可证申报表主要内容为建设单位、申报单位、工程名称、建设内容、规模、地址等概况,需要准备好的有关文件,主要有计划主管部门批准的征用土地计划任务、土地管理部门的拆迁安置意见、地形图和规划管理部门选址意见书,以及要求取得的有关协议、意向书等图纸和文件。

(4)填写的申报表要加盖建设单位和申报单位公章。

(5)经审查符合申报要求的用地申请,发给建设单位或申报单位建设用地规划许可证立案表,作为取件凭证。

(6)征占用地的批准文件,对使用土地的批准意见分别由政府和国土资源、房屋土地管理部门批准形成。

2. 规划意见书

(1)规划意见书指城市规划行政主管部门最终审批的工程项目选址申请及选址规划意见通知书,按当地城市规划行政主管部门的统一表式执行,以此文件直接归存。

(2)各级政府计划部门审批项目建议书时,征求同级政府城市规划行政主管部门的意见。可行性研究报告请批时,必须附有城市规划行政主管部门的选址意见书。

规划意见书应由各地、市规划委员会办理。

3. 建设用地规划许可证

(1)建设用地规划许可证是由个人和建设单位提出建设用地申请,城市规划行政主管部门根据规划和建设项目的用地需要,确定建设用地位置、面积界限的法定凭证。

(2)建设用地规划许可证规定的用地性质、位置和界线,未经原审批单位同意,任何个人和单位不得擅自变更。

4. 国有土地使用证

(1)国有土地使用证必须由县级以上人民政府土地管理部门核发土地使用许可证明。

(2)按当地土地管理部门统一表式执行,必须是经县级以上人民政府依法批准,项目所在地土地管理部门颁发的土地使用证归存。

5. 国有土地使用权出让交易文件

凡利用国有土地进行商业、娱乐、旅游、写字楼及商品住宅等经营性开发的项目用地,均须通过市土地交易市场购得国有土地使用权,并办理有关手续。

6. 建设项目选址意见书的内容

(1)建设项目的基本情况。

(2)选址依据。

(3)项目选址、用地范围及规划要求。

◆ 勘察、测绘与设计文件

1. 工程地质勘察报告

工程地质勘察报告的内容分为文字和图表两部分。

(1)文字部分包括概述;场地描述及地下水;地层分布;工程地质条件评述。

(2)图表部分包括钻孔平面布置图;地质柱状图;地质柱状及静探曲线图;地质岩性剖面图;土壤压缩曲线图;土壤试验结果汇总表;土壤剪力试验成果。

城市规划区内的建设工程,由于建筑范围有限,一般只进行工程地质勘察工作,就可以满足设计需要,需注意的是工程地质勘察报告要由建设单位委托的勘察设计单位勘察形成。

2. 水文地质勘察报告

水文地质勘察是指为查明一个地区的水文地质条件而进行的水文地质调查工作。调查结果由勘察部门编制水文地质勘察报告,其内容包括水文地质勘探、水文地质测绘、水文地质试验,以及地下水动态的长期观测、水文地质参数计算、地下水资源保护和地下水资源评价。

3. 建筑用地钉桩通知单

建筑用地钉桩通知单是指建设单位委托测绘设计单位根据划拨用地等文件提供的用地测绘资料,该文件由本地、市规划委员会审批。

4. 验线合格文件

验线合格文件是指建设单位委托测绘设计单位测量结果资料。该文件由本地、市规划委员会审批形成,应在测量情况栏中绘制示意图,并写明所采用的测量仪器及测量方法。

5. 审定设计方案通知书

委托设计是指建设项目主管部门对有设计能力的设计单位或者经过招投标中标单位提出委托设计的委托书,建设单位和设计单位签订设计合同,并由规划管理部门签发工程设计条件通知书并附图。

(1)建设单位申报规划设计应准备的相关文件和图纸为:可行性研究报告;拟建项目说明;拟建方案示意图;地形图和用地范围;其他。

(2)规划行政管理部门对建设单位申报的规划设计条件进行审定和研究,符合规定时,可根据已签发规划设计条件通知书,建设单位可作为方案设计的依据。

设计方案通知书主要是规定了规划设计的条件,主要包括用地情况;用地的使用度;用地的使用性质;建设设计要求;市政设计要求;市政要求;其他遵守事项。

6. 有关部门对审定设计方案通知书的审查意见

该文件指分别由人防、消防、环保、交通、市政、园林、河湖、文物、通信、保密、教育等有关行政主管部门对项目涉及的相关方面审查批准文件或协议文件。

7. 初步设计图纸及说明

初步设计是设计工作的第一阶段,是根据批准的可行性研究报告和规划设计条件通知书的各项要求,以及必备和准确的设计基础资料,对建设项目的建设方案、工艺流程、资金情况通盘考虑,进行粗略的计算和设计,做出总体的设计安排和编制出设计总概算。

初步设计图纸及说明是指建设单位委托设计单位提出的初步设计阶段技术文件资料。初步设计的内容包括初步设计依据和设计指导思想;生产工艺流程和各专业主要设计方案;建设规模,近景及远景规划;主要建筑物、构筑物、公用辅助设施、人防设施、生活区建设;新技术、新工艺、新设备采用情况;建设顺序和建设周期;环保、抗震评价,综合利用和"三废"合理;经济指标和评价;外部协作条件;生产组织、工作制度和劳动定员;初步设计总概算;各种依据、协议文件及附件、附图、附表。

初步设计完成后,应向规划行政主管部门申报设计方案,申报时填写设计方案报审表和报送设计方案的有关图纸、单体建筑模型、方案说明书等。

设计方案报审表由建设单位、设计单位、申报单位共同填写,并在建设单位、设计单位和申报单位一栏中加盖单位公章,设计方案报审表除要填写工程名称、建设内容、建设地点等概况外,还要填写设计方案有关数据及指标,设计方案的考虑,遵守事项等要求。

经规划行政主管部门审查后,由规划行政主管部门发出修改设计方案通知书,申报单位按通知书中修改意见和附图进行修改,修改完成后重新申报。

设计方案审报表经审查合格后,由规划行政主管部门发出审定设计方案通知书。通知书下发后,设计单位按通知书中的要求进行施工图设计或技术设计。

审定设计方案还要征求有关人防、消防、环保、交通、园林等部门的意见,求得批复。

8. 施工图设计及说明

施工图设计是建设项目设计工作的最后阶段,它是把初步设计和技术设计中确定的设计方案和设计原则进一步具体化、明确化,并把工程和设备的各个组成部分的尺寸、平面布置、节点大样和主要施工方法,以图样和文字说明的形式加以确定,并编制设备、材料明细表和施工图预算。

对于施工图一般不再组织进行专门的审批,由设计单位负责,注册结构师、注册建筑师等注册执业人员应当在设计文件上签字,对设计文件负责。施工图和预算经设计单位内部审定后,便成为建设项目施工和预算包干、工程缩算的直接依据,还应有消防设计审批意见。

9. 设计计算书

设计计算书是建设单位委托设计单位提供的设计计算资料,它是根据施工图纸、概(预)算定额、施工机械设备与材料价格和人工工资取定标准等资料编制的较为详细的技术经济文件。

10. 消防设计审核意见

消防设计审核意见是由消防局审批而形成的技术资料文件。

11. 施工图设计文件审查通知书

施工图审查分程序性审查和技术性审查,是建设工程勘察设计质量监督管理的重要环节,也是基本建设必不可少的程序。

建设单位向施工图审查机构报审材料齐备后,建设行政主管部门向建设单位发出《审查通知书》,并委托具有相应资质的施工图审查机构进行审查。审查合格后施工图应标注有施工图审查批准号,施工图审查批准号是进行施工招投标办理施工许可证的必备条件之一。

12. 施工图设计的主要内容

施工图设计的主要内容为总平面图、公用设施详图、建筑物和构筑物详图、工艺流程和设备安装图等工程建设、安装、施工所需的全部图纸,以及施工图设计说明、设备材料明细表、结构计算书、预算书等文字材料。

◆工程开工文件

1. 年度施工任务批准文件

年度施工任务(年度计划)是国家和地方人民政府根据国家政策和建设任务制定和安排的。建设单位就本单位拟(已)建建设项目进展和准备情况编写本单位的年度计划,向计划主管部门申报,经计划部门综合平衡,待批准后列入国家和地方的基本年度计划。

建设项目年度计划的申报工作由建设单位办理。根据已经具备的建设条件,将正式年度计划报告向计划行政主管部门申报,要求本项目列入年度计划。已被列入年度计划的工程开工项目,才能开工建设。

建设工程开工证是各项建设开工前所必须具备文件,建设项目经审查完全具备开工条件后,由具有审批权限的建设行政主管部门核发建设工程开工证。军队由军队系统基本建设行政主管部门直接进行审核并核发建设工程开工证。

2. 修改工程施工图纸通知书

修改施工图纸通知书是由市、县规划委员会对施工图纸审查后,必做修改变动而颁发的文件。

3. 建设工程规划许可证

建设工程规划许可证是由市、县规划委员会对施工方案与施工图纸的审查后,确定该工程符合整体规划而办理的证书。

建设工程规划许可证应包括附件和附图,它们是建设工程许可证的配套证件,具有同等法律效力;按不同工程的不同要求,由发证单位根据法律、法规和实际情况制定;该许可证由市、县规划行政主管部门核发。

4. 建设工程施工许可证

建设单位在工程开工前,按照国家有关规定向工程所在地、县以上人民政府建设行政主管部门出具已经办理该工程的用地批准手续;在城市规划区内的工程,已取得规划许可证;需要拆迁的其拆迁进度符合施工要求;已经确定建筑施工企业;有保证工程质量和安全的具体措施;有满足施工需要的施工图纸及技术资料;建设资金已经落实;法律、行政法规规定的其他等条件申请办理施工许可证。

以当地建设行政主管部门颁发的施工许可证归存。

5. 工程质量监督手续

工程质量监督手续由建设单位在领取施工许可证前向当地建设行政主管部门委托的工

程质量监督部门申报报监备案登记。

（1）监督实施范围。凡在省行政区域内，投资额在20万元或建筑面积在500 m^2及以上的土木建筑、设备安装、建筑工程、管线敷设、装饰装修以及市政设施等工程的竣工验收，必须由各级质量监督机构对其实施监督。

（2）实施监督过程中，发现有违反国家有关建设工程质量管理规定行为或工程质量不合格的，质量监督机构有权责令建设单位进行整改。建设单位接到整改通知书后，必须立即进行整改，并将整改情况书面报给工程质量监督机构。

（3）建设单位在质量监督机构监督下进行的工程竣工验收通过后，5日内未收到工程质量监督机构签发的重新组织验收通知书即可进入验收备案程序。

（4）工程质量监督机构在工程竣工验收通过后并收到建设单位的竣工报告15个工作日内向负责竣工验收备案部门提交建设工程质量监督报告。

6.年度计划的内容

年度计划的内容主要包括两个部分。

（1）表格部分包括以下内容。

1）建设项目年度基本建设计划项目表。

2）项目进度表、单项工程进度表、年度总进度表。

3）施工进度网络计划表。

（2）文字部分包括以下内容。

1）编制年度计划的具体依据、指导思想、建设部署。

2）工程建设的主要目标、内容、进度要求。

3）关键项目的进度、总体形象进度。

4）材料设备、施工力量等条件的落实情况。

5）资金投入情况。

6）存在的主要问题及解决措施、要求有关部门解决的重大技术等问题。

◆工程竣工验收及备案文件

1.建设工程竣工验收备案表

建设工程竣工验收备案表由建筑单位在建设工程竣工验收合格后负责填报，具体的内容与格式见表2.1和表2.2。

表2.1 建设工程竣工验收备案表(封面表)

建设工程竣工验收备案表

×××建设厅制

表2.2 建设工程竣工验收备案表

编号：_____

工程名称			
建设单位		申报人	
施工单位			
设计单位			
施工图审查单位			
监理单位			
规划许可证号		施工许可证号	
所需文件审核情况(并将材料原件附后)			
文件名称	编号		核发机关、日期
竣工验收报告			
规划验收认可文件			
消防验收意见书			
环保验收合格证			
工程档案验收许可书			
工程质量保修书			
住宅使用说明书			
以下由建设行政主管部门填写			
验收监督报告			
备案情况	已备案：经办人(签字)：		负责人(签章)：

2. 工程竣工验收报告

（1）建筑单位在工程竣工验收过程中所制定的资料，工程竣工验收报告的基本内容如下。

1）工程概况。工程名称、工程地址、主要工程量；建设、勘察、设计、监理、施工单位名称；规划许可证号、施工许可证号、质量监督注册登记号；开工、完工日期。

2）对勘察、设计、监理、施工单位的评价意见；合同内容执行情况。

3）工程竣工验收时间；验收程序、内容、组织形式(单位、参加人)；验收组对工程竣工验收的意见。

4）建设单位对工程质量的总体评价。

项目负责人、单位负责人签字；单位盖公章；报告日期。

（2）填报说明。

1）竣工验收报告由建设单位负责填写。

2）竣工验收报告一式四份，一律用钢笔书写，字迹要清晰工整。建设单位、施工单位、建设行政主管部门、城建档案管理部门或其他有关专业工程主管部门各存一份。

3）报告内容必须真实可靠，如果发现虚假情况，不予备案。

4）报告需经建设、设计、施工图查机构、施工、工程监理单位法定代表人或其委托代理人签字，并加盖单位公章后才能有效。

3. 由规划、环保等部门出具的认可文件或准许使用文件

建设单位在建设工程竣工验收合格后15日内,应向建设工程所在地县级以上建设行政主管部门进行备案,所提供的规划部门出具的工程规划验收认可文件;公安消防部门出具的《建设工程消防验收意见书》;环保部门出具的建设工程档案验收认可文件和法律、法规、规章规定的其他文件,此文件由建设单位和验收单位形成。

4. 房屋建筑工程质量保修书

由施工单位向建设单位签署的一份质量保修协议书,具体内容由建设单位与施工单位签订。

5. 住宅质量保证书和住宅使用说明书

对于商品住宅建设单位应提供《住宅质量保证书》和《住宅使用说明书》。

6. 建设工程规划验收合格文件

由规划行政主管部门组织验收,验收合格后,在《建设工程规划许可证》附件上加盖规划验收合格章。

7. 建设工程竣工档案预验收意见

城建档案馆对建设工程竣工档案预验收签署的意见归存资料,由城建档案馆形成。

8. 工程竣工验收备案流程图

工程竣工验收备案的程序见图2.2。

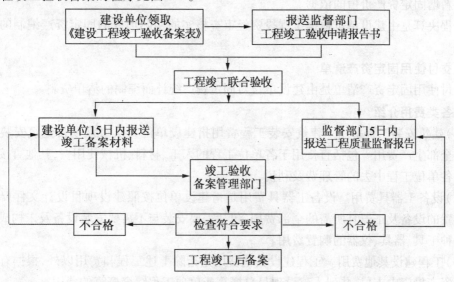

图2.2 工程竣工验收备案流程

◆ 商务文件

1. 工程投资估算文件

工程投资估算文件是指由建设单位委托工程设计单位、勘察设计单位或咨询单位编制的工程投资估算资料,以此文件直接归存。具体内容包括建筑安装工程费,设备、器具购置费,工程建设其他费用,预备费,固定资产投资方向调节税,建设期贷款利息等。它由建设单位委托工程造价咨询单位编制,主要依据相应建设项目投资估算招标,参照以往类似工程的造价资料编制的,它对初步设计的工程造价和概算起控制作用。

2. 工程设计概算

工程设计概算是指由建设单位委托工程设计单位编制的设计概算资料,以此文件直接归存。它由建设单位委托工程造价咨询单位形成。一般包括建筑安装工程费用;设备、工器具购置费用;其他工程和费用;预备费等。

3. 施工图预算

工程项目招标投标阶段,根据施工图设计确定的工程量编制施工图预算。由建设单位委托承接工程的施工总包单位编制的预算资料,以此文件直接归存。招标单位(或委托单位)编制的施工图预算是确定标底的依据;投标单位编制的施工图预算是确定报价的依据;标底、报价是评标、决标的重要依据,施工图预算经审定后,是确定工程预算造价、签订工程承包合同、实行建筑安装工程造价包干的依据。

4. 施工预算

施工预算是以承接工程的施工单位提出的经有资质的造价审查单位核准的工程预算归存,它由施工单位形成。

5. 工程结、决算

工程结算是建筑安装企业完成工程任务后向建设单位办理的工程款最终数额的计算。

竣工决算是建设单位在建设项目竣工后向国家报告建设成果和财务状况的总结性文件,是核定新增固定资产价值的依据。

工程决算是由建设单位根据工程投资经审查核实的实际形成的固定资产编制的清单形成。

6. 交付使用固定资产清单

交付使用固定资产清单是由建设单位对固定资产统计而编制的清单资料。

7. 各类费用介绍

(1)建筑安装工程费用。建筑安装工程费用指建设单位为从事该项目建筑安装工程所支付的全部生产费用。包括直接用于各单位工程的人工、材料、机械使用费,其他直接费以及分摊到各单位工程中去的管理费及利税。

(2)设备工器具费用。设备工器具费用是指建设单位按照建设项目设计文件要求而自备或购置的设备及工器具所需的全部费用,包括需要安装与不需要安装设备及未构成固定资产的各种工具、器具、仪器的购置费用。

(3)工程建设其他费用。工程建设其他费用是指除上述工程和费用以外,根据有关规定在固定资产投资中支付,并列入建设项目总概算或单项工程综合概算的费用。

(4)预备费。预备费是指在初步设计和概算中难以预料的工程和费用,其中包括实行按施工图概算加系数包干的概算包干费用。

◆其他文件

1. 物资质量证明文件

按合同约定由建设单位采购的材料、设备和构配件等物资的汇总表、进场物理性能检验报告、力学性能检验报告、工艺性能检验报告及产品质量证明书,应由建设单位收集、整理,并移交施工单位汇总。

2. 工程竣工总结

由建设单位编制的综合性报告,简要介绍工程建设的全过程。

凡组织国家或市级工程竣工验收会的工程,可将验收会上的工程竣工报告作为工程竣工总结;其他工程,建设单位可根据下列要求编写工程竣工总结。

(1)概述。

1)工程立项的依据和建设目的。

2)工程概况,包括工程位置、数量、规模、概算(包括征用土地、拆迁、补偿费)、决算、结算等。

3)工程设计、工程监理、工程施工招投标情况。

(2)设计、施工情况。

1)设计情况。设计单位、设计内容、工程设计特点及建筑新材料。

2)施工情况。开、竣工日期;施工管理、质量、技术等方面。

3)质量事故及处理情况。

4)建筑红线内市政公用工程施工情况(包括给排水、电力、通信、燃气、热力等)及道路、绿化施工情况。

(3)工程质量及经验教训。

工程质量鉴定意见和评价;工程遗留问题及处理意见。

(4)其他需要说明的问题。

3. 工程未开工前的原貌、竣工新貌照片

由建设单位收集、提供的工程未开工前的原貌和竣工后的新貌照片,按原貌、新貌档案整理归类存档。

4. 工程开工、施工、竣工的音像资料

由建设单位收集、提供的工程开工、施工、竣工过程中录音、录像、照片等资料,按声像、电子、缩微档案整理归类存档。

【实　　务】

◆建设工程规划许可证

建设工程规划许可证,见表2.3。

表 2.3　建设工程规划许可证

中华人民共和国

建设工程规划许可证

编号　×××-规建字-×××

根据《中华人民共和国城市规划法》第三十二条规定，经审定，本建设工程符合城市规划要求，准予建设

特发此证

发证机关　×××
日　期　××年×月×日

续表2.3

建设单位	××房地产开发有限公司
建设项目名称	××公寓
建设位置	××市××区××街××号
建设规模	31 528 平方米

附图及附件名称

本工程建设工程规划许可证附件一份

本工程设计图一份

遵守事项:

1. 本证是城市规划区内,经城市规划行政主管部门审定,许可建设各类工程的法律凭证
2. 凡未取得本证或不按本证规定进行建设,均属违法建设
3. 未经发证机关许可,本证的各项规定均不得随意变更
4. 建设工程施工期间,根据城市规划行政主管部门的要求,建设单位有义务随时将本证提交查验
5. 本证所需附图与附件由发证机关依法确定,与本证具有同等法律效力

建设工程规划许可证(附件)

建设单位:××房地产开发有限公司　　　　　　　　　×××
建设位置:××市××区××街××号　　　　　　　图幅号:×××
建设单位联系人:×××　电话:××××××××　发件日期:××年×月×日

建设项目名称	建设规模/平方米	层数		高度/米	栋数	结构类型	造价/元	备注
		地上	地下					
××公寓	31 528	22	3	76.8	1	框剪	55 000 000	

抄送单位:××××　　　　　　　　　　　　　　承建单位:××××

说明:

1. 本附件与《建设工程规划许可证》具有同等效力。
2. 遵守事项见《建设工程规划许可证》。

注意事项:

1. 本工程放线完毕,请通知测绘院、规划部门验线无误后方可施工。
2. 有关消防、绿化、交通、环保、市政、文物等未尽事宜,应由建设单位负责与有关主管部门联系,妥善解决。
3. 设计责任由设计单位负责。按规定允许非正式设计单位工程,其设计责任由建设单位负责。
4. 本《建设工程规划许可证》及附件发出后,因年度建设计划变更或因故未建满2年者,《建设工程规划许可证》及附件自行失效,需建设时,应向审批机关重新申报,经审核批准后方可施工。
5. 凡属按规定应编制竣工图的工程必须按照国家编制竣工图的有关规定编制竣工图,送城市建设档案馆。

◆建设工程施工许可证

建设工程施工许可证,见表2.4。

表2.4 建设工程施工许可证

中华人民共和国

建设工程施工许可证

编号　施×××

根据《中华人民共和国建筑法》第八条规定,经审定,本建设工程符合施工条件,准予施工

特发此证

发证机关　×××
日　期　××年×月×日

续表2.4

建设单位	××房地产开发有限公司		
工程名称	××公寓		
建设位置	××市××区××街××号		
建设规模	31 528 平方米	合同价格	5 000 万元
设计单位	××设计院		
施工单位	××有限责任公司		
监理单位	××市监理公司		
合同开工日期	××年×月×日	合同竣工日期	××年×月×日

备注

遵守事项：

1. 本证放置施工现场,作为准予施工的凭证
2. 未经发证机关许可,本证的各项内容不得变更
3. 建设行政主管部门可以对本证进行查验
4. 本证自核发之日起三个月内应予施工,逾期应办理延期手续,不办理延期或延期次数、时间超过法定时间的,本证自行废止
5. 凡未取得本证擅自施工的属违法建设,将按《中华人民共和国建筑法》的规定予以处罚

第3章 监理资料管理

3.1 监理资料概述

【基　　础】

◆ **监理信息和资料管理制度**

（1）工程建设监理的主要方法是控制,而控制的基础是信息,故在施工中要做好信息收集、整理和保存的工作,承包单位应及时整理施工技术资料,办理签认手续。通过信息交流,使决策者及时、准确地获得信息,在经过分析之后采取相应的措施。

（2）监理人员负责收集和反馈信息,收集的信息必须是真实可靠、准确有用的,将其保存完整并及时分类,加工处理后迅速反馈。通过信息,找出当前各项目标中的偏离事项,加以总结,提出纠偏措施,保证目标得以实现。

（3）工程建设监理应根据《建设工程监理规范》(GB 50319—2000)和《建设工程监理规程》(DBJ 01~41—2002)的要求制定出相应的资料管理制度,建立健全的报表制度,加强资料管理。

1) 编制工程项目监理规划,报送建设单位及有关部门。

2) 每月底编制监理月报,在次月5日前报送建设单位和有关部门。

3) 总监理工程师应指定专人每日填写项目监理日志,记录工地的情况;各专业人员也必须写监理日记,及时填报监理报表作为信息资料予以归纳整理,并作为编制监理月报的资料。

4) 根据工程规模和实际情况,可以不定期地编制简报,报道现场施工情况,报送有关领导和单位。

5) 所有监理资料应及时收集齐全、整理归档,建立监理档案。监理档案的主要内容有:监理合同、监理规划、监理指令、监理日志、监理月报、会议纪要、审核签认文件、工程款支付证明、工程验收记录、质量事故调查及处理报告、监理工作总结。

◆ **监理资料的基本组成**

1. 合同文件

(1) 施工监理招投标文件。

(2) 建设工程委托监理合同。

(3) 施工招投标文件。

(4) 建设工程施工合同、分包合同、各类订货合同等。

2. 设计文件

(1)施工图纸。

(2)岩土工程勘察报告。

(3)测量基础资料。

3. 工程项目监理规划及监理实施细则

(1)工程项目监理规划。

(2)监理实施细则。

(3)项目监理部编制的总控制计划等其他资料。

4. 工程变更文件

(1)审图汇总资料。

(2)设计交底记录、纪要。

(3)设计变更文件。

(4)工程变更记录。

5. 监理月报

6. 会议纪要

7. 施工组织设计(施工方案)

(1)施工组织设计。（总体设计或分阶段设计）

(2)分部施工方案。

(3)季节施工方案。

(4)其他专项施工方案等。

8. 分包资质

(1)分包单位资质资料。

(2)供货单位资质资料。

(3)试验室等单位的资质资料。

9. 进度控制

(1)工程动工报审表。（含必要的附件）

(2)年、季、月进度计划。

(3)月工、料、机动态表。

(4)停、复工资料。

10. 质量控制

(1)各类工程材料、构配件、设备报验。

(2)施工测量放线报验。

(3)施工试验报验。

(4)检验批、分项、分部工程施工报验与认可。

(5)不合格项处置记录。

(6)质量问题和事故报告及处理等资料。

11. 造价控制

(1)概预算或工程量清单。

(2)工程量报审与核认。

(3)预付款报审与支付证书。
(4)月工程进度款报审与签认。
(5)工程变更费用报审与签认。
(6)工程款支付申请与支付证书。
(7)工程竣工结算等。

12. 监理通知及回复

13. 合同其他事项管理

(1)工程延期报告、审批等资料。
(2)费用索赔报告、审批等资料。
(3)合同争议和违约处理资料。
(4)合同变更资料等。

14. 工程验收资料

(1)工程基础、主体结构等中间验收资料。
(2)设备安装专项验收资料。
(3)竣工验收资料。
(4)工程质量评估报告。
(5)竣工移交证书等。

15. 其他往来函件

16. 监理日志、日记

17. 监理工作总结(专题、阶段和竣工总结等)

【实　　务】

◆监理资料的具体编制程序

监理资料的具体编制程序见图3.1。

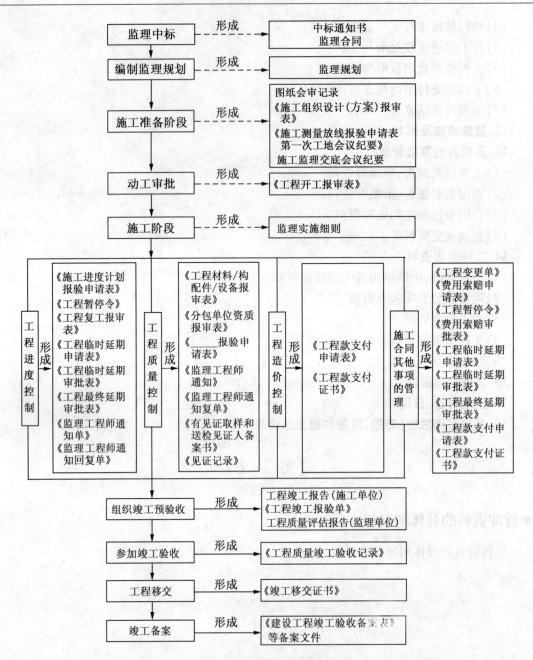

图 3.1 监理资料管理流程

3.2 监理管理资料

【基　础】

◆ **监理规划与实施细则**

1. 工程项目监理规划的编制程序和原则

(1)总监理工程师需在签订委托监理合同及收到施工合同、设计文件后的一个月内,组织完成工程项目监理规划的编制,经监理单位技术负责人审核批准,在监理交底会前报送建设单位。

(2)监理规划的内容要有针对性,做到控制目标明确、控制措施有效、工作程序合理、工作制度健全、职责分工清楚,对监理实施工作有指导作用。

(3)监理规划要有时效性,在项目实施过程中,视情况变化做必要的调整。在调整时需由总监理工程师组织监理工程师研究修改,按原报审程序经批准后报建设单位。

2. 监理规划的主要内容

监理规划包括工程项目特征(名称、建设地点、建设规模、工程特点等)和工程相关单位名录(建设单位、勘察单位、设计单位、施工单位、主要分包单位等),监理工作的主要依据、监理范围和目标、工程进度控制、工程质量控制、工程造价控制、合同其他事项管理、项目监理部人员构成以及职责分工、项目监理部资源配置一览表、监理工作管理制度等,监理规划由总监理工程师组织编制,经监理单位技术负责人审核批准。

3. 监理实施细则的主要内容

监理实施细则包括专业工程特点、监理工作流程、监理工作的控制要点及目标值、监理工作的方法和措施,监理实施细则需由专业工程的监理工程师编制,经总监理工程师审核批准。

◆ **监理月报**

1. 监理月报的封面及内容

(1)工程概况。

1)工程基本情况。

①建筑工程。工程名称、工程地点、建设单位、承包单位、勘察单位、设计单位、质监单位、建筑类型、建筑面积、檐口高度(或总高度)、结构类型、层数(地上、地下)、总平面示意图等。

②市政、公用工程。工程名称、工程地点、建设单位、承包单位、设计单位、工程内容(道路、桥梁,各类管线、场站等)、工程规模(道路长度、面积、桥梁总长度、跨度、面积,管线管径、长度等)、工程等级、工程示意图等。

③合同情况。合同约定质量目标、工期、合同价等。

2)施工基本情况。

①本期在施形象部位及施工项目。

②施工中主要问题等。

(2)工程进度。
1)工程实际完成情况与总进度计划比较。
2)本月实际完成情况与计划进度比较。
3)本月工、料、机动态。
4)对进度完成情况的分析。(含停工、复工情况)
5)本月采取的措施及效果。
6)本月在施部位工程照片。
(3)工程质量。
1)分项工程和检验批质量验收情况。(部位、承包单位自检、监理单位签认、一次验收合格率等)
2)分部(子分部)工程质量验收情况。
3)主要施工试验情况。(如钢筋连接、混凝土试块强度、砌筑砂浆强度及暖、卫、电气、通风空调施工试验等)
4)工程质量问题。
5)工程质量情况分析。
6)本月采取的措施及效果。
(4)工程计量与工程款支付。
1)工程计量审批情况。
2)工程款审批及支付情况。
3)工程款到位情况分析。
4)本月采取的措施及效果。
(5)构配件与设备。
1)采购、供应、进场及质量情况。
2)对供应厂家资质的考察情况。
(6)合同其他事项的处理情况
1)工程变更情况。(主要内容、数量等)
2)工程延期情况。(申请报告主要内容及审批情况)
3)费用索赔情况。(次数、数量、原因、审批情况)
(7)天气对施工影响的情况,影响天数及部位。
(8)本月监理工作小结。
1)对本期工程进度、质量、工程款支付等方面的综合评价。
2)意见和建议。
3)本月监理工作的主要内容。
4)下月监理工作的重点。

2.监理月报的编制
(1)工程概况,工程基本情况表见表3.1。

表3.1 工程基本情况表

工程名称							
工程地点							
工程性质							
建设单位							
勘察单位							
设计单位							
承包单位							
质监单位							
开工日期		竣工日期			工期天数		
质量目标		合同价款			承包方式		
工程项目一览表							
单位工程名称	建筑面积/m²	结构类型	地上/地下层数	檐高/m	基础及埋深	设备安装	工程造价
工程施工基本情况							

(2)承包单位项目组织系统。

1)承包单位组织框图及主要负责人。用框图表示承包单位项目经理部主要组成人员的组织系统及人员姓名、职务,并简要介绍承包单位的资质等级、过去的工程业绩、项目经理部各主要负责人的资格证书、职称等主要情况。

2)主要分包单位承担分包工程的情况,主要分包单位承担分包工程的情况统计见表3.2。

表 3.2　主要分包单位情况表

人数(持证人数) ＼ 工种 ＼ 对别					分包工程名称、范围	备注

(3)工程进度。

1)工程实际完成情况与总进度计划比较,工程实际完成情况与总进度计划的比较见表3.3。

2)本月实际完成情况与总进度计划比较,本月实际完成情况与总进度计划的比较见表3.4。

3)本月工、料、机动态,本月工、料、机的动态见表3.5。

表 3.3　工程实际完成情况与总进度计划比较表

序号	分部工程名称 ＼ 年月	＿＿＿年												＿＿＿年											
		1	2	3	4	5	6	7	8	9	10	11	12	1	2	3	4	5	6	7	8	9	10	11	12

续表3.3

序号	分部工程名称 年月	___年												___年											
		1	2	3	4	5	6	7	8	9	10	11	12	1	2	3	4	5	6	7	8	9	10	11	12

══计划进度　──实际进度

表3.4　本月实际完成情况与总进度计划比较表

序号	分部工程名称 年月	___月						___月																		
		26	27	28	29	30	31	1	2	3	4	5	6	7	8	9	10	11	12	13	14	15	16	17	18	19	20	21	22	23	24	25

══计划进度　──实际进度　　　　　　　　　　　　　　　　　　编制人：

表3.5 工、料、机动态

人工	工种					其他		总人数	
	人数								
	持证人数								
主要材料	名称	单位	上月库存量	本月进厂量		本月库存量		本月消耗量	
主要机械	名称	生产厂家		规格型号			数量		

3. 监理月报的编制依据

(1)建设工程监理规范《建设工程监理规范》(GB 50319—2000)。

(2)工程质量验收系列规范、规程和技术标准。

(3)监理单位的有关规定。

◆监理会议纪要

1. 第一次工地会议的内容

(1)建设单位、承包单位和监理单位分别介绍各自驻现场的组织机构、人员及分工。

(2)建设单位根据委托监理合同宣布对总监理工程师的授权。

(3)建设单位介绍工程开工准备情况。

(4)承包单位介绍施工准备情况。

(5)建设单位和总监理工程师对施工准备情况提出意见和要求。

(6)总监理工程师介绍监理规划的主要内容。

(7)研究确定各方在施工过程中参加工地例会的主要人员、召开工地例会周期、地点及主要议题。

2. 经常性工地会议内容

(1)会议参加者。在开会前由监理工程师通知有关人员参加,主要人员不得缺席。

1)监理方参加者。总监理工程师(总监代表)、驻地监理工程师。

2)承包方参加者。项目经理(或副经理)、技术负责人及其他有关人员、分包商参加会议由承包商确定。

3)业主,邀请业主代表参加。在某些特殊情况下,还可邀请其他有关单位参加会议。

(2)会议资料的准备。会议资料的准备是开好经常性工地会议的重要环节,参会者务必提前做好准备。

1)监理工程师应准备以下资料:上次工地会议的记录;承包商对监理程序执行情况分析资料;施工进度的分析资料;工程质量情况及有关技术问题的资料;合同履行情况分析资料;其他相关资料。

2)承包商应准备以下主要资料:工程进度图表;气象观测资料;试验数据资料;观测数据资料;人员及设备清单;现场材料的种类、数量及质量;有关事项说明资料,如进度和质量分析、安全问题分析、技术方案问题、财务支付问题、其他需要说明的问题。

(3)会议程序。

1)确认上次工地会议记录。对上次会议的记录若有争议,就确认各方同意的上次会议记录。

2)工程进度情况。审核主要工程部分的进度情况;影响进度的主要问题;对所采取的措施进行分析。

3)工程进度的预测,介绍下期的进度计划、主要措施。

4)承包商投入人力的情况,提供到场人员清单。

5)机械设备到场情况,提供现场施工机械设备清单。

6)材料进场情况。提供进场材料清单,讨论现场材料的质量及其适用性。

7)有关技术事宜,讨论相关的技术问题。

8)财务事宜,讨论有关计量与支付的任何问题。

9)行政管理事宜。工地试验情况;各单位间的协调;与公共设施部门的关系;监理工作程序;安全状况等。

10)合同事宜。未决定的工程变更情况;延期和索赔问题;工程保险等。

11)其他方面的问题。

12)下次会议的时间与地点、主要内容等。

(4)会议记录。经常性工地会议应有专人做好记录。记录的主要内容一般包括会议时间、地点及会议序号;出席会议人员的姓名、职务及单位;会议提交的资料;会议中发言者的姓名及发言内容;会议的有关决定。

会议记录要真实、准确,同时必须得到监理工程师及承包商的同意。同意的方式可以是在会议记录上签字,也可以在下次工地会议上对记录取得口头上认可。

3.监理会议纪要编制的常用表格

监理会议纪要编制常用表格见表3.6~3.8。

表3.6 第一次工地会议纪要

编号：_____

单位工程名称			工程造价/万元	
建筑面积/m²			结构类型层数	
建设单位			项目负责人	
勘察单位			项目负责人	
设计单位			项目负责人	
施工单位			项目经理	
监理单位			总监理工程师	
会议时间	年 月 日	地点		主持人

签到栏：

会议内容纪要
建设单位驻现场的组织机构、人员及分工情况：
施工单位驻现场的组织机构、人员及分工情况：
监理单位驻现场的组织机构、人员及分工情况：
建设单位根据委托监理合同宣布对总监理工程师的授权：
建设单位介绍工程开工准备情况：
施工单位介绍施工准备情况：
建设单位对施工准备情况提出的意见和要求：
总监理工程师对施工准备情况提出的意见和要求：
总监理工程师介绍监理规则的主要内容：
研究确定的各方在施工过程中参加工地例会的主要人员：
建设单位：
监理单位：
召开工地例会周期、地点及主要议题：

第3章 监理资料管理

表3.7 工地例会

编号：_____

工程名称			
会议名称		主持人	
会议时间	年 月 日	地点	

签到栏：

会议内容纪要

检查上次例会议定事项的落实情况、分析未完事项原因：

检查分析工程项目进度计划完成情况，提出下一阶段目标及其落实措施：

检查工程质量核定及工程款支付情况：

解决需要协调的有关事项：

其他有关事宜：

表3.8 专题会议

编号：_____

工程名称			
会议名称		主持人	
会议时间	年 月 日	地点	

签到栏：

会议内容纪要

4. 第一次工地会议准备的内容

第一次工地会议由总监理工程师主持，业主、承包商、指定分包商、专业监理工程师等参加，各方准备工作的内容如下。

(1) 监理单位准备工作的内容包括现场监理组织的机构框图及各专业监理工程师、监理人员名单及职责范围；监理工作的例行程序及有关表达说明。

(2) 业主准备的工作内容包括派驻工地的代表名单及业主的组织机构；工程占地、临时用地、临时道路、拆迁以及其他与工程开工有关的条件；施工许可证、执照的办理情况；资金筹集情况；施工图纸及交底情况。

(3) 承包商准备工作的内容包括工地组织机构图表，参与工程的主要人员名单及各种技术工人和劳动力进场计划表；用于工程的材料、机械的来源及落实情况；供材计划清单；各种临时设施的准备情况，临时工程建设计划；试验室的建立或委托试验室的资质、地点等情况；工程保险的办理情况，有关已办手续的副本；现场的自然条件、图纸、水准基点及主要控制点的测量复核情况；为监理工程师提供的设备准备情况；施工组织总设计及施工进度计划；与开工有关的其他事项。

◆监理工作日志

1. 监理工作日志的要点

(1) 监理日志以单位工程为记录对象，从工程开工之日始至工程竣工之日止，由专人或相关人逐月记载，记载内容应保持其连续和完整。

(2) 监理日志应使用统一格式的《监理日志》，每册封面应标明工程名称、册号、记录时间段及建设、设计、施工、监理单位名称，并由总监理工程师签字。

(3) 监理人员巡检、专检或工作后应及时填写监理日记并签字。

(4) 监理日记不得补记，不得隔页或扯页，以保持其原始记录。

(5) 监理工作工程巡检中监理日志的记录内容。监理日志是监理资料中重要的组成部分，是监理服务工作量和价值的体现，是工程实施过程中最真实的工作证据，也是监理人员素质和技术水平的体现。

2. 监理日志的推荐格式

施工监理日志推荐格式见表3.9。

表3.9 施工监理日志

工程名称：				编号：	
施工部位			日期		
气象情况	最高气温 ℃		最低气温 ℃	风力：	级
1					
2					

主要事项记载：

记录人：_____

3. 监理工作日志的填写要求

监理日志的记录是监理资料中较重要的组成部分，是工程实施过程中最真实的工作证据，是记录人素质、能力和技术水平的体现，所以监理日志的内容必须保证真实、全面，充分体现参建各方合同的履行程度。公正地记录好每天发生的工程情况是监理人员的重要职责。

监理工作日志应以项目监理部的监理工作为记载对象，从监理工作开始起至监理工作结束止，由专人负责逐日记载。

(1)准确记录时间。气象监理人员在书写监理日志时，往往只重视时间记录，而忽视了气象记录，其实气象记录的准确性和工程质量有直接的关系。

1)混凝土强度、砂浆强度在不同气温条件下的变化值有着明显的区别，监理人员可以根据混凝土浇捣时的温度及今后几天的气温变化，准确计算出强度的理论计算值，从而判断是否具备拆模条件，是否具备承载能力，承载能力有多少。

2)在地基与基础工程、主体工程、装饰工程、屋面工程等分部工程施工过程中，气象的变化直接影响工程的施工质量。有些工程在单位工程结束后出现一系列的质量问题，调查人员即可根据问题部位的监理日记做出分析，有的质量问题可能就与气象有直接的关系。比如雨季施工时，基槽遭雨水浸泡，引起土壤变化进而影响基础工程的质量。

(2)做好现场巡查，真实、准确、全面地记录工程相关问题。

1)监理人员在书写监理日志之前，必须做好现场巡查，增加巡查次数，提高巡查质量，巡查结束后按不同专业、不同施工部位进行分类整理，最后工整地书写监理日志，并做记录人的签名工作。

2)监理人员在做监理日志记录时，往往只记录工程进度，而对施工中存在的问题没有做好记录，或者认为问题较小，没有必要写在日志当中；或者认为问题已经解决，没有必要再找麻烦；其实这就忽视了自身价值的体现。在记录监理日志时，要真实、准确、全面地反映与工程相关的一切问题。（包括"三控制""二管理""一协调"）

3)监理人员在做监理日志记录时，往往只记录工程进度、存在问题，没有记录问题是怎样解决的。发现问题是监理人员经验和观察力的表现，解决问题是监理人员能力和水平的体现。在监理工作中，并不只是发现问题，更重要的是怎样科学合理地解决问题，所以监理日志要记录好发现的问题、解决的方法以及整改的过程和程度。

（3）关心安全文明施工管理，做好安全检查记录。一般的监理合同中大多不包括安全内容。虽然安全检查属于合同外的服务，但直接影响操作工人的情绪，进而影响工程质量，所以监理人员也要多关心、多提醒，做好检查记录，从而保证监理工作的正常开展。

（4）书写工整、规范用语、内容严谨。工程监理日志充分展现了记录人对各项活动、问题及相关影响的表达。文字如处理不当，比如错别字多，涂改明显，语句不通，不符逻辑，或用词不当，用语不规范，采用日常俗语等等都会产生不良后果。语言表达能力不足的监理人员在日常工作中要多熟悉图纸、规范，提高技术素质，积累经验，掌握写作要领，严肃认真地记录好监理日志。

（5）日志完成后的工作。书写好监理日志后，要及时交总监审查，以便及时沟通和了解，从而促进监理工作正常有序地开展。

◆监理工作总结

施工阶段监理工作结束以后，监理单位向建设单位提交项目监理工作总结资料。

监理工作总结是指监理单位对履行委托监理合同情况和监理工作的综合性总结。监理工作总结由总监理工程师组织项目监理机构有关人员编写。

1. 监理工作总结的要求
（1）能客观、公正、真实地反映工程监理的全过程。
（2）能对监理效果进行综合描述和正确评价。
（3）能反映工程的主要质量状况、结构安全、投资控制及进度目标实现的情况。

2. 监理工程总结的主要内容
（1）工程概况。
（2）监理组织机构、监理人员和投入的监理设施。
（3）监理合同履行情况。
（4）监理工作成效。
（5）施工过程中出现的问题及其他处理情况和建议。
（6）工程照片。（必要时）

【实　务】

◆监理会议纪要填写范例

监理会议纪要填写范例见表 3.10。

表 3.10　监理会议纪要

工程名称	××写字楼工程		
会议名称	工程进度和质量控制	主持人	王××
会议时间	2010 年 8 月 27 日	地点	工地会议室
签到栏： ×××、×××、×××、××× ×××、×××、×××、×××			
会议内容纪要			
检查上次例会议定事项的落实情况、分析未完事项原因： 　上周六项议决事项已落实三项,其他三项在落实中			
检查分析工程项目进度计划完成情况,提出下一阶段目标及落实措施： 　1.上周施工进度完成情况 　(1)电缆桥架安装正常进行;(2)机房抹灰按计划完成;(3)空调水支管和风机盘管安装正常进行;(4)一至三层内外墙体挂钢板网进度正常。上周施工进度良好,基本按原计划完成各项工作 　2.下周施工进度计划安排 　(1)电缆桥架安装、配电箱安装及穿线;(2)屋面女儿墙抹灰完成;(3)一至三层内墙体抹灰,外墙抹灰打底;(4)屋面防水 9 月 1 日前完成;(5)给排水管安装			
检查工程质量核定及工程款支付情况： 　本周的施工项目的质量情况比较稳定,主要项目是抹灰工程和设备安装。从监理巡检情况看,施工质量符合要求,工程质量在受控状态内 　本周的施工项目主要是抹灰工程和设备安装,涉及本月的工程量核定及工程款支付的审批工作,土建工程核定的工程量是填充墙的砌筑工程量,设备安装按已签订的买卖合同总金额支付一定比例的设备款			
解决需要协调的有关事项： 　1.联系相关部门对项目桩端持力层做出评估,由施工单位负责联系 　2.临时用电的电线总材质不符合规定,应进行更换,由施工单位负责联系 　3.行车道坑凹凸不平,要及时修补,由施工单位联系			
其他有关事宜： 　1.土建方面办理 1 份工程变更洽商,部分房间隔墙位置的变更 　2.样板间的地砖需提高,由总包单位挑选材质经甲方确认			

◆监理工作日志表填写范例

监理工作日志表填写范例见表 3.11。

表3.11 施工监理日志

工程名称： ××写字楼工程			编号： ×××	
施工部位	模板安装	日期	2010年9月10日	
气象情况		最高气温26 ℃	最低气温15 ℃	风力:3~4级
1				
2				

主要事项记载：

施工情况：

  1. 二层2段模板安装

  2. 二层5段柱钢筋绑扎

  3. 三层1段顶板混凝土养生

中间验收情况：

  1. 下午2:10时，二层2段模板安装验收合格

  2. 下午3:00时，三层4段顶板模板安装验收合格

  3. 下午3:30时，二层5段柱放线验收合格

建设单位其他外部环境情况：

  建设单位的有关领导来施工现场检查工作，对我们的施工质量和安全意识相当满意

记录人： 李××

3.3 工程进度控制资料

【基　　础】

◆ **工程开工报审表**

工程开工报审表(含必要的附件)见表3.12。

表3.12 工程开工报审表

工程名称:_____ 编号:_____

致:_____(监理单位)

  我方承担的_____工程,已完成了以下各项工作,具备了开工/复工条件,特此申请施工,请核查并签发开工/复工指令

附:1. 开工报告(略)
  2. 证明文件
  ①建设工程施工许可证(复印件)
  ②施工组织设计
  ③施工测量放线
  ④现场主要管理人员和特殊工种人员资格证、上岗证
  ⑤现场管理人员、机具、施工人员进场
  ⑥工程主要材料已落实
  ⑦施工现场道路、水、电、通信等已达到开工条件

承包单位(章):_____
项目经理:_____
日期:_____

审查意见:

1. 经查《建设工程施工许可证》已办理
2. 施工现场主要管理人员和特殊工程人员资格证、上岗证符合要求
3. 施工组织设计已批准
4. 主要人员(项目经理、专业技术管理人员等)已到场,部分材料已进场
5. 施工现场道路、水、电、通信已达到开工要求

综上所述,工程已符合开工条件,同意开工

项目监理机构:_____
总监理工程师:_____
日期:_____

◆施工进度计划报验申请表

施工进度计划报验申请见表3.13。

表3.13 施工进度计划报验申请表

工程名称：_____　　　　　　　　　　　　　　　　　　　　编号：_____

致：_____（监理单位）

我单位已经完成_____工作，现报上该工程报验申请表，请予以审查和验收

附件：

承包单位(章)：_____

项目经理：_____

日期：_____

审查意见：

项目监理机构：_____

总监理工程师：_____

日期：_____

◆工程临时延期申请表

工程临时延期申请见表 3.14。

表 3.14　工程临时延期申请表

工程名称：_____　　　　　　　　　　　　　　　　　　　　　编号：_____

致：_____（监理单位）
　　根据施工合同条款第_____条的规定，由于_____原因，我方申请工程延期，请予以批准。

附件：
1. 工程临时/最终延期的依据及工期计算

2. 证明材料

承包单位(章)：_____
项目经理：_____
日期：_____

◆ 工程临时延期审批表

工程临时延期审批见表 3.15。

表 3.15　工程临时延期审批表

工程名称：_____　　　　　　　　　　　　　　　　　　　　编号：_____

致：_____（监理单位）

　　根据施工合同条款第_____条的规定，我方对你方提出_____工程延期申请（第_____号）要求延长工期_____日历天的要求，经审核评估：

　　暂时同意工期延长_____日历天。使竣工日期（包括已指令延长的日期）从原来的××年××月××日延迟到××年××月××日。请你方执行

　　□不同意延长工期，请按约定竣工日期组织施工

说明：

项目监理机构：_____
总监理工程师：_____
日期：_____

◆ 工程进度控制的基本程序

（1）总监理工程师审批承包单位报送的施工总进度计划。

（2）总监理工程师审批承包单位编制的年、季、月度施工进度计划。

（3）专业监理工程师对进度计划实施情况检查、分析。

（4）当实际进度符合计划进度时，应要求承包单位编制下一期进度计划；当实际进度滞后于计划进度时，专业监理工程师应书面通知承包单位采取纠偏措施并监督实施。

工程进度控制框图如图 3.2 所示。

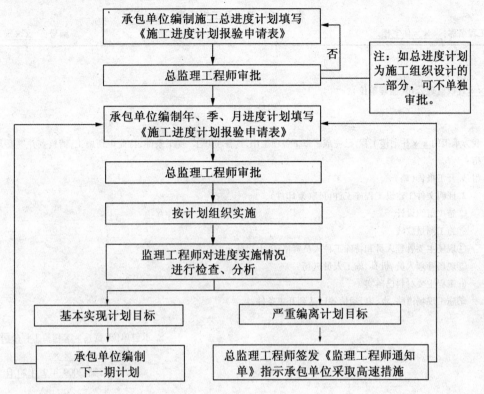

图 3.2 工程进度控制框图

【实　务】

◆工程开工报审表填写范例

工程开工报审表填写范例见表 3.16。

表 3.16　工程开工报审表

工程名称：××住宅楼　　　　　　　　　　　　　　　　　　　编号：×××

致：××建设监理公司(监理单位)：

我方承担的××住宅楼工程,已完成了以下各项工作,具备了开工/复工条件,特此申请施工,请核查并签发开工/复工指令

附：1. 开工报告(略)
　　2. 证明文件①建设工程施工许可证(复印件)
　　　　　　　　②施工组织设计
　　　　　　　　③施工测量放线
　　　　　　　　④现场主要管理人员和特殊工种人员资格证、上岗证
　　　　　　　　⑤现场管理人员、机具、施工人员进场
　　　　　　　　⑥工程主要材料已落实
　　　　　　　　⑦施工现场道路、水、电、通信等已达到开工条件

承包单位(章)：××建筑工程公司
项目经理：王××
日期：2009 年 9 月 20 日

审查意见：
　　1. 经查《建设工程施工许可证》已办理
　　2. 施工现场主要管理人员和特殊工程人员资格证、上岗证符合要求
　　3. 施工组织设计已批准
　　4. 主要人员(项目经理、专业技术管理人员等)已到场,部分材料已进场
　　5. 施工现场道路、水、电、通信已达到开工要求
　　综上所述,工程已符合开工条件,同意开工

项目监理机构：××建设监理工公司
总监理工程师：张××
日期：2009 年 9 月 25 日

◆施工进度计划报验申请表填写范例

施工进度计划报验申请表填写范例见表 3.17。

表 3.17 施工进度计划报验申请表范例

工程名称:××综合材料库工程　　　　　　　　　　　　　　　编号:×××

致:　××监理公司　（监理单位）
　　我单位已经完成　××综合材料库屋面双 T 板吊装　工作,现报上该工程报验申请表,请予以审查和验收
　　附件:施工组织设计(方案)

　　　　　　　　　　　　　　　　　　　　　　　　承包单位(章):××建筑工程公司
　　　　　　　　　　　　　　　　　　　　　　　　项目经理:李××
　　　　　　　　　　　　　　　　　　　　　　　　日期:2010 年 10 月 20 日

审查意见:

　　　　　　　　　　　　　　　　　　　　　　　　项目监理机构:_____
　　　　　　　　　　　　　　　　　　　　　　　　总监理工程师:_____
　　　　　　　　　　　　　　　　　　　　　　　　日期:_____

◆工程临时延期申请表填写范例

工程临时延期申请表填写范例见表3.18。

表3.18 工程临时延期申请表范例

工程名称：××1#厂房　　　　　　　　　　　　　　　　　　编号：×××

致：　××监理公司　（监理单位）

　　根据施工合同条款第 12 月 19 日甲方会议 条的规定，由于 施工现场停水，砼垫层无法施工原因，我方申请工程延期，请予以批准

附件：
1. 工程临时/最终延期的依据及工期计算
砼工人30，力工20人，木工6人，停工1天，砼垫层延期一天施工
合同竣工日期：2010年1月8日
申请延长竣工日期：2010年1月9日
2. 证明材料

　　　　　　　　　　　　　　　　　　　　　　　承包单位(章)：××建筑工程公司
　　　　　　　　　　　　　　　　　　　　　　　项目经理：赵××
　　　　　　　　　　　　　　　　　　　　　　　日期：2009年12月28日

◆工程临时延期审批表填写范例

工程临时延期审批表填写范例见表 3.19。

表 3.19 工程临时延期申请表

工程名称：××写字楼　　　　　　　　　　　　　　　　　　编号：×××

致：　××建筑工程公司　（监理单位）

根据施工合同条款第 11 条的规定，我方对你方提出×××写字楼工程延期申请（第 01 号）要求延长工期 5 日历天的要求，经审核评估：

暂时同意工期延长 5 日历天。使竣工日期（包括已指令延长的日期）从原来的 2010 年 9 月 4 日延迟到 2010 年 9 月 9 日。请你方执行

□不同意延长工期，请按约定竣工日期组织施工

说明：经甲乙方协商，同意延长工期

项目监理机构：×××建设监理公司
总监理工程师：孙××
日期：2010 年 9 月 2 日

3.4 工程质量控制资料

【基 础】

◆ **工程材料报审表**

工程材料报审表见表3.20。

表3.20 工程材料报审表

工程名称：_____　　　　　　　　　　　　　　　　　编号：_____

致：_____（监理单位）

我方于××年××月××日进场的工程材料/构配件/设备数量如下（见附件）。现将质量证明文件及自检结构报上，拟用于下述部位：

附件：

1. 数量清单

2. 质量证明文件

3. 自检结果

承包单位（章）：_____

项目经理：_____

日期：_____

审查意见：

项目监理机构：_____

总监理工程师：_____

日期：_____

◆分项/分部工程施工报验表

分项/分部工程施工报验表填写表式见表 3.21。

表 3.21 分项/分部工程施工报验表

编号：_____

工程名称		日期	

现我方已完成_____（层）_____（轴线或房间）_____（高程）_____（部位）的_____工程，经我方检验符合设计、规范要求，请予以验收

附件	名称	页数	编号
1. □	质量控制资料汇总表	____页	_____
2. □	隐蔽工程检查记录表	____页	_____
3. □	预检记录	____页	_____
4. □	施工记录	____页	_____
5. □	施工试验记录	____页	_____
6. □	分部工程质量检验评定记录	____页	_____
7. □	分项工程质量检验评定记录	____页	_____
8. □			
9. □			
10. □			

质量检查员（签字）：

承包单位名称：   技术负责人（签字）：

审查意见：

审查结论：   □合格   □不合格

监理单位名称：   （总）监理工程师（签字）：   审查日期：

◆隐蔽工程报验申请表

隐蔽工程报验申请表见表3.22。

表3.22　隐蔽工程报验申请表

工程名称：_____　　　　　　　　　　　　　　　　　　　　编号：_____

致：_____（监理单位）

我单位已经完成了_____工作。现报上该工程报验申请表，请予以审查和验收

附件：

承包单位(章)：_____

项目经理：_____

日期：_____

审查意见：

项目监理机构：_____

总/专业监理工程师：_____

日期：_____

◆不合格项处置记录表

监理工程师在隐蔽工程验收和检验批验收中,针对不合格的工程应填写《不合格项处置记录》,见表3.23。

表3.23 不合格项处置记录

编号:_____

工程名称		发生/发现日期	

不合格项发生部位与原因:

　　致_____(单位):

　　由于以下情况的发生,使你单位在发生严重□/一般□不合格项,请及时采取措施予以整改

　　具体情况:

　　　　　　　　　　　　　　　　　　　　　　　　　　　　　　　　□自行整改
　　　　　　　　　　　　　　　　　　　　　　　　　　　　　　　　□整改后报我方验收

签发单位名称:　　　　　　　　　签发人(签字):　　　　　　　日期:

不合格项改正措施:

　　　　　　　　　　　　　　　　　　　　　　　　　　　　　整改限期:_____
　　　　　　　　　　　　　　　　　　　　　　　　　　　　　整改责任人(签字):_____
　　　　　　　　　　　　　　　　　　　　　　　　　　　　　单位责任人(签字):_____

不合格项整改结果:

　　致:_____(签发单位):

　　根据你方提示,我方已完成整改,请予以验收

　　　　　　　　　　　　　　　　　　单位负责人(签字):　　　　　　　日期:

| 整改结论: | □同意验收 | □_____ |
| | □继续整改 | □_____ |

验收单位名称:　　　　　　　　　　　　·　　　验收人(签字):　　　　　　日期:

注:本表由下达方填写,整改方填报整改结果,双方各存一份。

◆ 旁站监理记录

旁站监理记录见表3.24。

表3.24 旁站监理记录

编号：_____

工程名称		日期	
气候			
旁站监理的部位或工序：旁站监理开始时间：旁站监理结束时间：			
施工情况：			
监理情况：			
发现问题：			
处理意见：			
备注：			
承包单位名称：		监理单位名称：	
质量员（签字）： ××年××月××日		旁站监理人员（签字）： ××年××月××日	

◆ 工程质量问题和质量事故处理

工程质量问题和质量事故处理应注意以下几点。

（1）对施工过程中出现的质量缺陷，专业监理工程师应及时下达《监理工程师通知单》，要求承包单位整改，并检查整改结果。

（2）监理人员发现施工存在重大质量隐患，可能造成质量事故或已经造成质量事故，应通过总监理工程师及时下达《工程暂停令》，要求承包单位停工整改。整改完毕并经监理人员复查，符合规定要求后，总监理工程师应及时签署工程复工报审表。总监理工程师下达《工程暂停令》和签署工程复工报审表，宜事先向建设单位报告。

（3）对需要返工处理或加固补强的质量事故，总监理工程师应责令承包单位报送质量事故调查报告和经设计单位等相关单位认可的处理方案，项目监理机构应对质量事故的处理过程和处理结果进行跟踪检查和验收。

总监理工程师应及时向建设单位及本监理单位提交有关质量事故的书面报告，并应将完整的质量事故处理记录整理归档。

【实　　务】

◆不合格项处置记录填写范例

不合格项处置记录填写范例见表3.25。

表3.25　不合格项处置记录

编号：×××

工程名称	××工程	发生/发现日期	2010年7月4日

不合格项发生部位与原因：

　　致　××建筑工程公司　（单位）：

　　由于以下情况的发生，使你单位在　地上六层1~9/A~G轴墙体　发生严重□/一般☑不合格/□项，请及时采取措施予以整改

　　具体情况：

　　为控制地上六层1~9/A~G轴墙体钢筋保护层厚度，应点焊连接梯子定位筋。经检查梯子筋制作的各部位间距较小，且竖向定位筋顶模筋端部未刷防锈漆

　　　　　　　　　　　　　　　　　　　　　　　　　　　　　　　□自行整改
　　　　　　　　　　　　　　　　　　　　　　　　　　　　　　　☑整改后报我方验收

　　　签发单位名称：××监理公司　　签发人(签字)：×××　　日期：2010年7月4日

不合格项改正措施：

　　连接梯子定位筋点焊，使制作的各部位间距符合要求，竖向定位筋顶模筋端部刷防锈漆

　　　　　　　　　　　　　　　　　　　　　　　　　整改限期：2010年7月5日14时
　　　　　　　　　　　　　　　　　　　　　　　　　整改责任人(签字)：张××
　　　　　　　　　　　　　　　　　　　　　　　　　单位责任人(签字)：×××

不合格项整改结果：

　　致：　××监理公司　（签发单位）：

　　根据你方提示，我方已完成整改，请予以验收

　　　　　　　　　　　　　　　单位负责人(签字)：×××　　日期：2010年7月5日

整改结论：	☑同意验收	□_____
	□继续整改	□_____

验收单位名称：××监理公司　　验收人(签字)：×××　　日期：2010年7月6日

注：本表由下达方填写，整改方填报整改结果，双方各存一份。

◆旁站监理记录填写范例

旁站监理记录填写范例见表3.26。

表3.26 旁站监理记录

编号：×××

工程名称	××大厦工程	日期	2010年9月23日
气候	最高气温28℃	最低气温22℃	风力2~3级

旁站监理的部位或工序：屋面1~9/A~G轴混凝土浇筑

旁站监理开始时间：2010年9月23日 9:00

旁站监理结束时间：2010年9月23日 14:20

施工情况：
　　采用商品混凝土，混凝土强度等级为C25，配合比编号为×××。现场采用汽车泵2台进行混凝土的浇筑施工

监理情况：
　　检查混凝土坍落度5次，实测坍落度为145 mm，符合混凝土配合比的要求。制作混凝土试块2组（编号：001、002，其中编号为001的试块为见证试块），混凝土浇筑过程符合施工验收规范的要求

发现问题：
　　　　　　　　　　　混凝土在浇筑前没有浇湿模板

处理意见：
　　　　　　　　　　　在混凝土浇筑前应浇湿模板

备注：

承包单位名称：××建筑工程公司 质量员（签字）：××× 2009年9月23日	监理单位名称：××监理公司 旁站监理人员（签字）：××× 2010年9月23日

3.5 工程造价控制资料

【基　础】

◆ **工程款支付申请表**

工程款支付申请表见表3.27。

表3.27　工程款支付申请表

工程名称：_____　　　　　　　　　　　　　　　　　　　　　　编号：_____

致：_____（监理单位）

我方已完成了_____工作。按施工合同规定，建设单位应在___年___月___日前支付该项工程款共（大写）_____（小写：_____），现报上_____工程付款申请表，请予以审查并开具工程款支付证书

附件：
1. 工程量清单

2. 计算方法

承包单位（章）：_____

项目经理：_____

日期：_____

◆工程款支付证书

工程款支付证书见表3.28。

表3.28 工程款支付证书

工程名称：_____   编号：_____

致：_____（承包单位）

根据施工合同规定，经审核承包单位的付款申请和报表，并扣除有关款项，同意本期支付工程款共（大写）_____（小写：_____），请按合同规定及时付款

其中：
1. 承包单位申报款为：_____
2. 经审核承包单位应得款为：_____
3. 本期应扣款为：_____
4. 本期应付款为：_____

附件：
1. 承包单位的工程付款申请表及附件
2. 项目监理机构审查记录

项目监理机构：_____
总监理工程师：_____
日期：_____

◆费用索赔申请表

费用索赔申请表见表3.29。

表3.29　费用索赔申请表

工程名称：_____　　　　　　　　　　　　　　　　　　　　　编号：_____

致：_____（监理单位）

根据施工合同第_____条规定，由于_____原因，我方要求索赔金额(大写)_____元，请予以批准

索赔的详细理由即经过：

索赔金额的计算：

（根据实际情况，依照工程概预算定额计算）

附：证明材料

工程洽商记录及附图

（证明材料主要包括合同文件；监理工程师批准的施工进度计划；合同履行过程中的来往函件；施工现场记录；工地会议纪要；工程照片；监理工程师发布的各种书面指令；工程进度款支付凭证；检查和试验记录；汇率变化表；各类财务凭证；其他有关资料。）

承包单位(章)：_____

项目经理：_____

日期：_____

◆ 费用索赔审批表

费用索赔审批表见表3.30。

表3.30 费用索赔审批表

工程名称：_____　　　　　　　　　　　　　　　编号：_____

致：_____（承包单位）

　　根据施工合同条款_____条的规定，你方提出的_____费用索赔申请（第_____号），索赔（大写）_____，经我方审核评估：

　　□不同意此项索赔
　　□同意此项索赔，金额为（大写）

同意／不同意索赔的理由：
①费用索赔属于非承包方的原因
②费用索赔的情况属实

索赔金额的计算：
①同意工程设计变更增加的合同外的施工项目的费用
②工程延期_____天，增加管理费_____元

　　　　　　　　　　　　　　　　　　　　　项目监理机构：_____
　　　　　　　　　　　　　　　　　　　　　总监理工程师：_____
　　　　　　　　　　　　　　　　　　　　　　　　　日期：_____

◆ 工程造价控制原则

（1）应严格执行建设工程施工合同中所约定的合同价、单价、工程量计算规则和工程款支付方法。

（2）应坚持对报验资料不全、与合同文件的约定不符、未经监理工程师质量验收合格或有违约的工程量不予计量和审核，拒绝该部分工程款的支付。

（3）处理由于工程变更和违约索赔引起的费用增减应坚持合理、公正。

（4）对有争议的工程量计量和工程款支付，应采取协商的方法确定，在协商无效时，由总监理工程师做出决定。若仍有争议，可执行合同争议调解的基本程序。

（5）对工程量及工程款的审核应在建设工程施工合同所约定的时限内。

◆ 工程造价控制方法

（1）项目监理机构应依据施工合同有关条款、施工图，对工程项目造价目标进行风险分析，并应制定防范性对策。

（2）总监理工程师应从造价、项目的功能要求、质量和工期等方面审查工程变更的方案，并应在工程变更实施前与建设单位、承包单位协商确定工程变更的价款。

第3章 监理资料管理

(3) 项目监理机构应按施工合同约定的工程量计算规则和支付条款进行工程量计量和工程款支付。

(4) 专业监理工程师应及时建立月完成工程量和工作量统计表,对实际完成量与计划完成量进行比较、分析,制定调整措施,并应在监理月报中向建设单位报告。

(5) 专业监理工程师应及时收集、整理有关的施工和监理资料,为处理费用索赔提供证据。

(6) 项目监理机构应及时按施工合同的有关规定进行竣工结算,并应对竣工结算的价款总额与建设单位和承包单位进行协商。当无法协商一致时,应按相关规定进行处理。

(7) 未经监理人员质量验收合格的工程量,或不符合施工合同规定的工程量,监理人员应拒绝计量和该部分的工程款支付申请。

【实　　务】

◆工程款支付申请表填写范例

工程款支付申请表填写范例见表3.31。

表3.31　工程款支付申请表

工程名称：××小区工程　　　　　　　　　　　　　　　　　　　　编号：×××

致：　××建设监理公司　（监理单位）

　　我方已完成了3~6层混凝土浇筑工作。按施工合同规定,建设单位应在2010年9月30日前支付该项工程款共(大写)参佰壹拾贰万壹仟伍佰元整(小写：3 121 500),现报上工程付款申请表,请予以审查并开具工程款支付证书

附件：
1. 工程量清单
2. 计算方法

承包单位(章)：××建筑工程公司
项目经理：王××
日期：2010年9月20日

◆工程款支付证书填写范例

工程款支付证书填写范例见表3.32。

表3.32 工程款支付证书

工程名称：××小区工程　　　　　　　　　　　　　　　　　　　编号：×××

致：×××房地产开发公司(建设单位)

根据施工合同规定,经审核承包单位的付款申请和报表,并扣除有关款项,同意本期支付工程款共(大写)参佰壹拾贰万壹仟伍佰元整(小写:3 121 500元),请按合同规定及时付款

其中：
1. 承包单位申报款为：3 121 500 元
2. 经审核承包单位应得款为：3 121 500 元
3. 本期应扣款为：　　0
4. 本期应付款为：3 121 500 元

附件：
1. 承包单位的工程付款申请表及附件
2. 项目监理机构审查记录

项目监理机构：××建筑工程公司
总监理工程师：李××
日期：2010年9月22日

◆费用索赔申请表填写范例

费用索赔申请表填写范例见表3.33。

表3.33 费用索赔申请表

工程名称：××工程	编号：×××

致：××建设监理公司(监理单位)

  根据施工合同第11条规定,由于工程变更单××的变更致使我方造成额外费用的增加原因,我方要求索赔金额(大写)壹万捌仟柒佰伍拾元,请予以批准

  索赔的详细理由及经过：

  因发生由设计单位提出的工程变更,使我方增加额外费用支出如下：

1. 地下一层1、2段顶板钢筋已绑扎验收合格,需要1/4部分拆除重做
2. 工程变更增加的合同内的施工项目的费用
3. 因工程变更影响工程延期增加的费用

索赔金额的计算：

1. 地下一层1、2段顶板钢筋1/4部分拆除重做需要15人/工日×3天×20.95元/工日×1.35综合取费=1 273元
2. 工程变更增加的合同外的施工项目的费用15 377元(见概算书)
3. 工程延期3天的增加管理费用2 100元

  (根据实际情况,依照工程概预算定额计算)

附：证明材料
1. 监理单位与承包单位对工程变更暂停工时的施工进度记录
2. 工程变更单及图纸
3. 工程变更费用报审表

工程洽商记录及附图

  (证明材料主要包括合同文件；监理工程师批准的施工进度计划；合同履行过程中的来往函件；施工现场记录；工地会议纪要；工程照片；监理工程师发布的各种书面指令；工程进度款支付凭证；检查和试验记录；汇率变化表；各类财务凭证；其他有关资料。)

承包单位(章)：××建筑工程公司

项目经理：吴××

日期：2010年3月20日

◆费用索赔审批表填写范例

费用索赔审批表填写范例见表3.34。

表3.34 费用索赔审批表

工程名称:××工程　　　　　　　　　　　　　　　　　　编号:×××

致:×××建筑工程公司(承包单位)

　　根据施工合同条款11条的规定,你方提出的因工程变更增加额外费用索赔申请(第×××号),索赔(大写)壹万捌仟柒佰伍拾元整,经我方审核评估:
　　□不同意此项索赔
　　☑同意此项索赔,金额为(大写):壹万捌仟柒佰伍拾元

同意/不同意索赔的理由:
①费用索赔属于非承包方的原因
②费用索赔的情况属实

索赔金额的计算:
①同意工程设计变更增加的合同外的施工项目的费用
②工程延期3天,增加管理费2 100元

项目监理机构:××建筑工程公司
总监理工程师:张××
日期:2010年3月21日

3.6 工程竣工验收资料

【基　　础】

◆**填表要求**

(1)单位(子单位)工程承包单位自检符合竣工条件后,向项目监理机构提出工程竣工验收。

(2)工程预验收通过后,总监理工程师应及时报告建设单位和编写工程质量评估报告文件。

(3)工程项目。

工程项目指施工合同签订的达到竣工要求的工程名称。

(4)附件,附件指用于证明工程按合同约定完成并符合竣工验收要求的全部竣工资料。

(5)审查意见,总监理工程师组织专业监理工程师按现行的单位(子单位)工程竣工验收的有关规定逐项进行核查,并对工程质量进行预验收,根据核查和预验收结果,将"不符合"或"符合"用横线划掉;全部符合要求的,将"不合格""不可以"用横线划掉;否则,将"合格""可以"用横线划掉,并向承包单位列出不符合项目的清单和要求。

(6)单位(子单位)工程竣工应符合下列条件。

1)按承包合同已完成了设计文件的全部内容,且单位(子单位)工程所含分部(子分部)工程的质量均已验收合格。

2)质量控制材料完整。

3)单位(子单位)工程所含分部工程有关安全和功能的检测资料完整。

4)主要使用功能项目的抽查结果符合相关专业质量验收规范的规定。

5)观感质量验收符合要求。

(7)工程竣工预验报验程序。

1)单位(子单位)工程完成后,承包单位要依据质量标准、设计图纸等组织有关人员自检,并对检测结果进行评定,符合要求后填写工程竣工报验单并附工程验收报告和完整的质量资料报送项目监理机构,申请竣工预验收。

2)总监理工程师组织各专业监理工程师对竣工资料进行核查;构成单位工程的各分部工程均已验收,且质量验收合格;按《建筑工程施工质量验收统一标准》(GB 50300—2001)附录G(表G.0.1—2)和相关专业质量验收规范的规定,相关资料文件完整。

3)涉及安全和使用功能的分部工程有关安全和功能检验资料,按《建筑工程施工质量验收统一标准》(GB 50300—2001)附录G(表G.0.1—3)逐项复查。不仅要全面检查其完整性(不得有漏检缺项),而且对分部工程验收时补充进行的见证抽样检验报告也要复查。

4)总监理工程师应组织各专业监理工程师会同承包单位对各专业的工程质量进行全面检查、检测,按《建筑工程施工质量验收统一标准》(GB 50300—2001)附录G(表G.0.1—4)进行质量检查,对发现影响竣工验收的问题,签发《工程质量整改通知》,要求承包单位整改,承包单位整改完成,填报《监理工程师通知回复单》,由专业监理工程师进行复查,直至符合要求。

5)对需要进行功能试验的工程项目(包括单机试车和无负荷试车),专业监理工程师应督促承包单位及时进行试验,并对重要项目进行现场监督、检查,必要时请建设单位和设计单位参加,专业监理工程师应认真审查试验报告单。

6)专业监理工程师应督促承包单位搞好成品保护和现场清理。

7)经项目监理机构对竣工资料及实物全面检查,验收合格后由总监理工程师签署工程竣工报验单和竣工报告。

8)竣工报告经总监理工程师、监理单位法定代表人签字并加盖监理单位公章后,由施工单位向建设单位申请竣工。

9)总监理工程师组织专业监理工程师编写质量评估报告。总监理工程师、监理单位技术负责人签字并加盖监理单位公章后报建设单位。

◆ 单位工程竣工预验收报验表

单位工程竣工预验收报验表见表3.35。

表3.35 单位工程竣工预验收报验表

工程名称:_____   编号:_____

致:_____(监理单位)
　　我方已按合同要求完成了_____工程,经自检合格,请予以检查和验收
　　附件:
　　1.单位(子单位)工程质量控制资料核查记录
　　2.单位(子单位)工程安全和功能检验资料核查及主要功能抽查记录
　　3.单位(子单位)工程观感质量检查记录

承包单位(章):_____
项目经理:_____
日期:_____

审查意见:
　　经初步验收,该工程
　　1.符合/不符合我国现行法律、法规要求
　　2.符合/不符合我国现行工程建设要求
　　3.符合/不符合设计文件要求
　　4.符合/不符合施工合同要求
　　综上所述,该工程初步验收合格/不合格,可以/不可以组织正式验收

项目监理机构:_____
总监理工程师:_____
日期:_____

◆ 工程竣工验收资料编制要求

(1)当工程达到基本交验条件时,应组织各专业监理工程师对各专业工程的质量情况、使用功能进行全面检查,对发现影响竣工验收的问题签发《监理工程师通知单》要求承包单位进行整改。

(2)对需要进行功能试验的项目(包括无负荷试车),应督促承包单位及时进行试验;认真审阅试验报告单,并对重要项目现场监督;必要时应请建设单位及设计单位派代表参加。

(3)总监理工程师组织竣工预验收。

1)要求承包单位在工程项目自检合格并达到竣工验收条件时,填写工程竣工报验单,并附相应竣工资料(包括分包单位的竣工资料)报项目监理部,申请竣工预验收。

2)总监理工程师组织项目监理部监理人员对质量控制资料进行核查,并督促承包单位完善。

3)总监理工程师组织监理工程师和承包单位共同对工程进行检查验收。

【实　　务】

◆ 单位工程竣工预验收报验单填写范例

单位工程竣工预验收报验单填写范例见表3.36。

表3.36　单位工程竣工预验收报验表

工程名称:××小区工程	编号:×××
致:××监理公司(监理单位) 我方已按合同要求完成了××小区工程,经自检合格,请予以检查和验收 附件: 1.单位(子单位)工程质量控制资料核查记录 2.单位(子单位)工程安全和功能检验资料核查及主要功能抽查记录 3.单位(子单位)工程观感质量检查记录	承包单位(章):××建筑工程公司 项目经理:××× 日期:2010年3月25日
审查意见: 经初步验收,该工程 1.符合/不符合我国现行法律、法规要求 2.符合/不符合我国现行工程建设要求 3.符合/不符合设计文件要求 4.符合/不符合施工合同要求 综上所述,该工程初步验收合格/不合格,可以/不可以组织正式验收	项目监理机构:××监理公司 总监理工程师:××× 日期:2010年3月26日

第4章 施工技术资料管理和施工测量记录

4.1 工程施工技术资料管理

【基 础】

◆ **施工技术资料**

施工技术资料是在施工过程中形成的,用以指导正确、规范、科学施工的文件,以及反映工程变更情况的正式文件。

◆ **技术交底记录**

技术交底记录见表4.1。

表4.1 技术交底记录

工程名称		交底日期	
施工单位		分项工程名称	
交底提要			

交底内容:

审核人		交底人		接交人	

注:1.本表由施工单位填写,交底单位与接受交底单位各存一份。
　　2.当作分项工程施工技术交底时,应填写"分项工程名称栏",其他技术交底可不填写。

技术交底记录填写说明:

(1)附件收集。必要的图纸、图片、"四新"(新材料、新工艺、新产品、新技术)的相关文件。

(2)资料流程。本表由施工单位填写,交底单位和接受交底单位各存一份,还应报送监理(建设)单位。

(3)相关规定与要求。

1)技术交底记录包括施工组织设计交底、专项施工方案技术交底、分项工程施工技术交底、"四新"技术交底及设计变更技术交底。各项交底要有文字记录,交底双方签认应齐全。

2)重点和大型工程施工组织设计交底要由施工企业的技术负责人把主要设计要求、施工措施及重要事项对项目主要管理人员进行交底;其他工程施工组织设计交底则由项目技术负责人进行交底。

3)专项施工方案技术交底由项目专业技术负责人负责,依据专项施工方案对专业工长进行交底。

4)分项工程施工技术交底由专业工长对专业施工班组(或专业分包)进行交底。

5)"四新"技术交底由项目技术负责人组织有关专业人员编制。

6)设计变更技术交底由项目技术部门根据变更要求,结合具体施工步骤、措施及注意事项等对专业工长进行交底。

(4)注意事项。交底内容要有可操作性和针对性,能够切实地指导施工,不可出现"详见×××规程"之类的语言,技术交底记录需对安全事项重点单独说明。

◆图纸会审记录

1.图纸会审记录表格

图纸会审记录表格样式,见表4.2。

表4.2 图纸会审记录

编号:_____

工程名称			日期	
地点			专业名称	
序号	图号	图纸问题	图纸问题交底	
签字栏	建设单位	监理单位	设计单位	施工单位

注:1.由施工单位整理、汇总,建设单位、监理单位、施工单位、城建档案馆各保存一份。
　　2.图纸会审记录应根据根据专业(建筑、结构、给排水及采暖、电气、通风空调、智能系统等)汇总、整理。
　　3.设计单位应由专业设计负责人签字,其他相关单位应由项目技术负责人或相关专业负责人签认。

2.图纸会审记录填写说明

(1)资料流程。图纸会审记录由施工单位整理、汇总后转签,建设单位、监理单位、施工单位、城建档案馆各保存一份。

(2)相关规定与要求。

1)监理、施工单位应将各自提出的图纸问题和意见,按专业整理、汇总后报给建设单位,由建设单位提交设计单位做交底准备。

2)图纸会审由建设单位组织设计、监理和施工单位技术负责人及相关人员参加,设计单位对各专业问题进行交底,施工单位负责把设计交底内容按专业汇总、整理,形成图纸会审记录。

3)图纸会审记录由建设、设计、监理、施工单位的项有关负责人签认,形成正式图纸会审记录。不允许擅自在会审记录上涂改或变更其内容。

(3)注意事项。图纸会审记录应根据专业(建筑、结构、给排水及采暖、电气、通风空调、智能系统等)汇总、整理,图纸会审记录一经各方签字确认后便成为设计文件的一部分,是现场施工的依据。

◆ 设计变更通知单

1. 设计变更通知单表格

设计变更通知单表格样式,见表4.3。

表4.3 设计变更通知单

编号:_____

工程名称		专业名称	
设计单位名称		日期	
序号	图号	变更内容	
签字栏	建设(监理)单位	设计单位	施工单位

注:1. 本表由建设单位、监理单位、施工单位、城建档案馆各保存一份。
  2. 涉及图纸修改的,必须注明应修改图纸的图号。
  3. 不可将不同专业的设计变更办理在同一份变更上。
  4. "专业名称"栏应按专业填写,如建筑、结构、给排水、电气、通风空调等。

2. 设计变更通知单填表说明

(1)附件收集。所附的图纸和说明文件等。

(2)资料流程。设计变更通知单由设计单位发出,转签后建设单位、监理单位、施工单位、城建档案馆各保存一份。

(3)相关规定与要求。设计单位要及时下达设计变更通知单,内容详实,必要时还应附图,并逐条注明应修改图纸的图号。设计变更通知单需由设计专业负责人及建设(监理)和施工单位的相关负责人签认。

(4)注意事项。设计变更是施工图纸的补充和修改的记载,是现场施工的依据。若由建设单位提出设计变更,必须经设计单位同意。不同专业的设计变更宜分别办理,不可办理在同一份设计变更通知单上。

◆ 工程洽商记录

1. 工程洽商记录表格

工程洽商记录的具体内容与表式见表4.4。

第4章 施工技术资料管理和施工测量记录

表4.4 工程洽商记录

编号：_____

工程名称			专业名称		
提出单位名称			日期		
序号	图号	洽商内容			
签字栏	建设单位	监理单位		设计单位	施工单位

注：1.本表由建设单位、监理单位、施工单位、城建档案馆各保存一份。
  2.涉及图纸修改的，必须注明应修改图纸的图号。
  3.不可将不同专业的设计变更办理在同一份变更上。
  4."专业名称"栏应按专业填写，如建筑、结构、给排水、电气、通风空调等。

2.工程洽商记录填表说明

(1)附件收集所附的图纸和说明文件等。

(2)资料流程。工程洽商记录由施工单位、建设单位或是监理单位其中一方发出，经各方签认后存档。

(3)相关规定与要求。

1)工程洽商记录宜分专业办理，内容详实，必要时还应附图，并逐条注明应修改图纸的图号。工程洽商记录由设计专业负责人及建设、监理和施工单位的相关负责人签认。

2)设计单位如委托建设(监理)单位办理签认，需办理委托手续。

(4)注意事项。不同专业的洽商宜分别办理，不可办理在同一份上。签字应齐全，签字栏内只可填写人员姓名，不得另写其他意见。

【实　务】

◆技术交底记录填写范例

技术交底记录填写范例见表4.5。

表4.5 剪力墙结构大模板普通混凝土施工技术交底

工程名称		交底部位	
工程编号		日期	

交底内容：

剪力墙结构大模板普通混凝土施工

1 范围

砖混结构,外砖内模,外板内模的构造柱、圈梁、板缝等混凝土浇筑工艺

2 施工准备

2.1 材料及主要机具

2.1.1 水泥:用325～425号矿渣硅酸盐水泥或普通硅酸盐水泥

2.1.2 砂:用粗砂或中砂,当混凝土为C30以下时,含泥量不大于5%

2.1.3 石子:构造柱、圈梁用粒径0.5～3.2 cm卵石或碎石;板缝用粒径0.55～1.2 cm细石,当混凝土为C30以下时,含泥量不大于2%

2.1.4 水:用不含杂质的洁净水

2.1.5 外加剂:根据要求选用早强剂、减水剂等,掺入量由试验室确定

2.2 作业条件

2.2.1 混凝土配合比经试验室确定,配合比通知单与现场使用材料相符

2.2.2 模板牢固、稳定,标高、尺寸等符合设计要求,模板缝隙超过规定时,要堵塞严密,并办完预检手续

2.2.3 钢筋办完隐检手续

2.2.4 构造柱、圈梁接槎处的松散混凝土和砂浆应剔除,模板内杂物要清理干净

2.2.5 常温时,混凝土浇筑前,砖墙、木模应提前适量浇水湿润,但不得有积水

3 操作工艺

3.1 工艺流程：

作业准备 → 混凝土运输 → 混凝土浇筑、振捣 → 混凝土养护

3.2 混凝土搅拌

3.2.1 根据测定的砂、石含水率,调整配合比中的用水量,雨天应增加测定次数

3.2.2 根据搅拌机每盘各种材料用量及车皮重量,分别固定好水泥(散装)、砂、石各个磅秤的标量。磅秤应定期核验、维护,以保证计量的准确。计量精度:水泥及掺和料为±2%,骨料为±3%,水、外加剂为±2%。搅拌机棚应设置混凝土配合比标牌

3.2.3 正式搅拌前搅拌机先空车试运转,正常后方可正式装料搅拌

3.2.4 砂、石、水泥(散装)必须严格按需用量分别过秤,加水也必须严格计量

3.2.5 投料顺序:一般先倒石子,再倒水泥,后倒砂子,最后加水。掺和料在倒水泥时一并加入。掺外加剂与水同时加入

3.2.6 搅拌第一盘混凝土,可在装料时适当少装一些石子或适当增加水泥和水量

3.2.7 混凝土搅拌时间,400 L自落式搅拌机一般不应少于1.5 min

3.2.8 混凝土坍落度,一般控制在5～7 cm,每台班应测两次

3.3 混凝土运输 3.3.1 混凝土自搅拌机卸出后,应及时用翻斗车、手推车或吊斗运至浇筑地点。运送混凝土时,应防止水泥浆流失。若有离析现象,应在浇筑地点进行人工二次拌和

3.3.2 混凝土以搅拌机卸出后到浇筑完毕的延续时间,当混凝土为C30,及以下,气温高于25 ℃时不得大于90 min,C30以上时不得大于60 min

3.4 混凝土浇筑、振捣

3.4.1 构造柱根部施工缝处,在浇筑前宜先铺5 cm厚与混凝土配合比相同的水泥砂浆或减石子混凝土

3.4.2 浇筑方法:用塔吊吊斗供料时,应先将吊斗降至距铁盘50～60 cm处,将混凝土卸在铁盘上,再用铁锹灌入模内,不应用吊斗直接将混凝土卸入模内

3.4.3 浇筑混凝土构造柱时,先将振捣棒插入柱底根部,使其振动再灌入混凝土,应分层浇筑、振捣,每层厚度不超过60 cm,边下料边振捣,一般浇筑高度不宜大于2 m,如能保证浇筑密实,亦可每层一次浇筑

续表4.5

工程名称		交底部位	
工程编号		日期	

3.4.4 混凝土振捣：振捣构造柱时，振捣棒尽量靠近内墙插入。振捣圈梁混凝土时，振捣棒与混凝土面应成斜角，斜向振捣。振捣板缝混凝土时，应选用 φ30 mm 小型振捣棒。振捣层厚度不应超过振捣棒的1.25倍

3.4.5 浇筑混凝土时，应注意保护钢筋位置及外墙板、外墙板的防水构造，不使其损害，专人检查模板、钢筋是否变形、移位；螺栓、拉杆是否松动、脱落；发现漏浆等现象，指派专人检修

3.4.6 表面抹平：圈梁、板缝混凝土每振捣完一段，应随即用木抹子压实、抹平。表面不得有松散混凝土

3.5 混凝土养护：混凝土浇筑完12 h 以内，应对混凝土加以覆盖并浇水养护。常温时每日至少浇水两次，养护时间不得少于1 d

3.6 填写混凝土施工记录，制作混凝土试块

4 质量标准

4.1 保证项目

4.1.1 水泥、砂、石、外加剂必须符合施工规范及有关标准的规定，有出厂合格证、试验报告

4.1.2 混凝土配合比、搅拌、养护和施工缝处理，符合规范的规定

4.1.3 按标准对混凝土进行取样、制作、养护和试验，评定混凝土强度并符合设计要求

4.2 基本项目

混凝土应振捣密实，不得有蜂窝、孔洞露筋、缝隙、夹渣

4.3 允许偏差项目，见表4.6

5 成品保护

5.1 浇筑混凝土时，不得污染清水砖墙面

5.2 振捣混凝土时，不得碰动钢筋、埋件，防止移位

5.3 钢筋有踩弯、移位或脱扣时，及时调整、补好

5.4 散落在模板上的混凝土应及时清理干净

表4.6 构造柱尺允许偏差及检验方法

项次	项目		允许偏差/mm	检验方法
1	构造柱中心线位置		10	经钢尺检查或用其他测量仪器检查
2	柱层间错位		8	钢尺检查或用其他测量仪器检查
3	柱垂直度	每层	10	用2m托线板检查
		10 m 以下	15	经纬仪、吊线和尺检查或用其他测量仪器检查
	全高	10 m 以上	20	

6 应注意的质量问题

6.1 混凝土材料计量不准：影响混凝土强度，施工前要检查，校正好磅秤，车车过秤，加水量必须严格控制

6.2 混凝土外观存在蜂窝、孔洞、露筋、夹渣等缺陷：混凝土振捣不实，漏振，钢筋缺少保护层垫块，尤其是板缝内加筋位置，应认真检查，发现问题及时处理

7 质量记录

7.1 材料(水泥、砂、石、掺和料、外加剂等)出厂合格证明、试验报告

7.2 混凝土试块试验报告

7.3 分项工程质量检验评定表

7.4 隐检、预检记录

7.5 冬期施工记录

7.6 设计变更及洽商记录

7.7 其他技术文件

审核人：×××	交底人：×××	接交人：×××

◆图纸会审记录填写范例

图纸会审记录填写范例见表4.7。

表4.7 图纸会审记录

编号：×××

工程名称	××A区27#楼电气	日期	2010年8月28日
地点	××	专业名称	××
序号	图号	图纸问题	图纸问题交底		
1	电施-1	开关、插座距地多高，插座如何配线	开关距地1.3 m；普通插座、饭厅插座、大厅空调插座、电视、电话插座距地0.5 m；厨、卫、主卧空调插座距地1.8 m。普通插座回路为BV-3×2.5PVC15；厨卫、空调插座回路为BV-3×4PVC20		
2	电施-2	电缆进户管为SC70	改为SC100		
3	电施-2	各单元JDBX至各层HNX为SC25	改为PVC25		
4	电施-3	门市房电源箱的电源怎么取	在楼梯缓步台下设一个电源进户箱，落地安装。电缆进户管为2SC100。电源进户箱至门市电源箱为BV-4×25+1×16SC40；门市电源箱间为BV-4×25+1×16PVC40		
5	电施-3	各单元集中表箱位置	设在梯间B轴墙上，设表箱部位墙加厚		
签字栏	建设单位 ×××	监理单位 ×××	设计单位 ×××	施工单位 ×××	

◆设计变更通知单填写范例

设计变更通知单填写范例见表4.8。

表4.8 设计变更通知单

编号：×××

工程名称		××小区工程	专业名称	结构
设计单位名称		××建筑研究院	日期	2010年6月5日
序号	图号	变更内容		
1	结施-14	Z10中配筋φ18改为φ20,根数由60变为80		
2	结施-30	KL—42,44的梁高700改为800		
3	结施-40	二层顶梁LL—8梁高出板面0.55改为0.62		
4	结施-40	结构图中标注尺寸878全部改为873		
5	结施-40	KZ5截面1 409改为1 403,基础也相应改变		
签字栏		建设(监理)单位	设计单位	施工单位
		×××	××	×××

注：本表由建设单位、监理单位、施工单位、城建档案馆各保存一份。

◆工程洽商记录填写范例

工程洽商记录填写范例见表4.9。

表4.9 工程洽商记录

编号：×××

工程名称	××工程	专业名称	建筑	
提出单位名称	×××	日期	2010年7月4日	
序号	图号	洽商内容		
1	建-1	地下一层原设计为喷大白浆，现改为耐擦洗涂料		
2	建-1	地下一层原设计为1:3石灰膏砂浆打底，纸筋灰罩面，现改为水泥砂浆打底、压光		
3	建-1	地下停车场原设计为喷大白浆，现改为耐擦洗涂料		
签字栏	建设单位	监理单位	设计单位	施工单位
	×××	×××	×××	×××

注：本表由建设单位、监理单位、施工单位、城建档案馆各保存一份。

4.2 施工测量放线资料

【基　础】

◆施工测量放线资料的编制要求

1.对测量放线控制成果及保护措施的检查

专业监理工程师应按下列要求对承包单位报送的测量放线控制成果及保护措施进行检查，符合要求时，专业监理工程师对承包单位报送的施工测量成果报验申请表予以签认：

（1）检查承包单位专职测量人员的岗位证书及测量设备检定证书。

（2）复核控制桩的校核成果、控制桩的保护措施及高程控制网、平面控制网和临时水准点的测量成果。

2.施工测量放线报验

（1）开工前的交桩复测及承包单位建立的控制网、水准系统的测量。

（2）施工过程中的施工测量放线。

3.开工前的审查程序

开工前的交桩复测及承包单位建立的控制网、水准点系统测量的审查程序如下。

(1)根据专业监理工程师指令,承包单位应填写施工测量方案报审表,采用施工组织设计(方案)报审表,将施工测量方案报送项目监理机构审查确认。

(2)承包单位按批准的"施工测量方案",对建设单位交给施工的红线桩、水准点进行校核复测,并在施工场地设置平面坐标控制网(或控制导线)及高程控制网后,填写施工测量放线报验申请表,并附上相应的放线依据资料及测量放线成果(工程定位测量及复测记录),报项目监理机构审查。

(3)专业监理工程师审核承包单位专职测量人员的岗位证书及测量设备检定证书、测量成果及现场查验桩、线的准确性及桩点、桩位保护措施的有效性,符合规定时,予以签认,并在其工程定位测量及复测记录签字盖章,完成交桩过程。

(4)当承包单位对交桩的桩位,通过复测提出质疑时,应通过建设单位邀请政府规定的规划勘察部门,复核红线桩及水准点测量的成果,最终完成交桩过程,并通过工程洽商的方式予以确认。

4. 施工过程中的施工测量放线审查程序

(1)承包单位在测量放线完毕,应进行自检,合格后填写施工测量放线报验申请表,并附上放线的依据材料及放线成果表,报送项目监理机构。

(2)专业监理工程师对施工测量放线报验申请表及附件进行审核,并应实地检验放线精度是否符合规范及标准要求,经审核查验,签认施工测量放线报验申请表,并在其基槽及各层放线测量及复测记录签字盖章。

◆ 施工测量放线报验申请表填表说明

(1)承包单位施工测量放线完毕,自检合格后报项目监理机构复核确认。

(2)测量放线的专职测量人员资格及测量设备应是经项目监理机构确认的。

(3)工程或部位的名称。工程定位测量填写工程名称,轴线、标高测量填写所测量项目部位名称。

(4)放线内容。指测量放线工作内容的名称,如轴线测量,标高测量等。

(5)专职测量人员(岗位证书编号)。指承担这次测量放线工作的专职测量人员及其岗位证书编号。

(6)备注。施工测量放线使用测量仪器的名称、型号、编号。

(7)测量放线依据材料及放线成果。依据材料是指施工测量方案、建设单位提供的红线桩、水准点等材料;放线成果指承包单位测量放线所放出的控制线及其施工测量放线记录表。(依据材料应是已经项目监理机构确认的)

(8)专业监理工程师审查意见。专业监理工程师根据对测量放线资料的审查和现场实际复测情况签署意见。

【实　务】

◆施工测量放线报验申请表填写范例

施工测量放线报验申请表填写范例见表4.10。

表4.10　施工测量放线报验申请表

工程名称：××小区　　　　　　　　　　　　　　　　　　　工程编号：×××

至：×××监理公司(监理单位)

我单位已完成了×××工程施工测量放线工作，现报上该工程报验申请表，请予以审查和验收

附件：

(1)测量放线的部位及内容：

序号	工程部位名称	测量放线内容	专职测量员(岗位证书编号)	备注
1	四层 2~7 /A~D	柱轴线控制线、墙柱轴线及边线、门窗洞口位置线等	××× (＊＊＊＊＊＊＊＊＊) ××× (＊＊＊＊＊＊＊＊＊)	30 m钢尺 DS3级水准仪
2	四层 6~9 /E~H	柱轴线控直线、柱边线等	××× (＊＊＊＊＊＊＊＊＊) ××× (＊＊＊＊＊＊＊＊＊)	

(2)放线的依据材料×页

(3)放线成果×页

　　　　　　　　　　　　　　　　　　　　　　　　承包单位(章)：×××建筑工程公司
　　　　　　　　　　　　　　　　　　　　　　　　　　　　项目经理：×××
　　　　　　　　　　　　　　　　　　　　　　　　　　　　日　　期：×××

审查意见：

经检查，符合工程施工图的设计要求，达到了《建筑施工测量技术规程》(DB11/T 446—2007)的精度要求

　　　　　　　　　　　　　　　　　　　　　　　项目监理机构：××监理公司××项目监理部
　　　　　　　　　　　　　　　　　　　　　　　总/专业监理工程师：×××
　　　　　　　　　　　　　　　　　　　　　　　日　期：2010年3月7日

4.3 工程定位测量记录

【基　　础】

◆ **工程定位测量记录表**

工程定位测量记录见表4.11。

表4.11　工程定位测量记录表

编号：_____

工程名称		委托单位	
图纸编号		施测日期	
平面坐标依据		复测日期	
高程依据		使用仪器	
允许误差		仪器检验日期	

定位抄测示意图：

复测结果：

签字栏	建设(监理)单位	施工(测量)单位		测量人员岗位证书	
		专业技术负责人	测量负责人	复测人	施测人

注：本表由建设单位、监理单位、施工单位、城建档案馆各保存一份。

◆ **工程定位测量记录表填表说明**

(1)附件收集可附水准原始记录。

(2)资料流程由施工单位填写，随相应的测量放线报验表进入资料流程。

(3)相关规定与要求。

1)测绘部门根据建设工程规划许可证(附件)批准的建筑工程位置及标高依据，测定出建筑的红线桩。

2)施工测量单位应依据测绘部门提供的放线成果、红线桩及场地控制网或建筑物控制网，测定建筑物位置、主控轴线及尺寸、建筑物±0.000绝对高程，并填写工程定位测量记录报监理单位审核。

3)工程定位测量完成后，应由建设单位报请政府具有相应资质的测绘部门申请验线，填写建设工程验线申请表报请政府测绘部门验线。

【实 务】

◆工程定位(竣工)测量记录填写范例

工程定位(竣工)测量记录见表4.12。

表4.12 工程定位测量记录表

编号：×××

工程名称	××工程	委托单位	××公司
图纸编号	总平面、首层建筑平面、基础平面	施测日期	2010年3月1日
平面坐标依据	市测绘院×××普测×××号	复测日期	2010年3月7日
高程依据	市测绘院×××普测×××号	使用仪器	型号：×× 出厂编号：××
允许误差	$i<1/10\ 000; h\leqslant\pm6\sqrt{n}$ mm	仪器检验日期	型号：×× 2010年3月7日

定位抄测示意图：

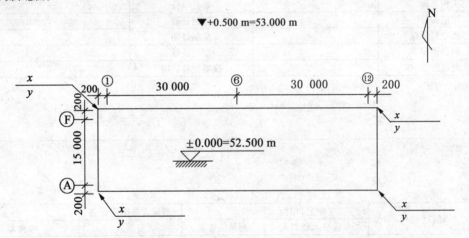

复测结果：

1/F:1~12 边　±3 mm；F-A 边 ±1 mm，角 +5″

12/A:1~12 边　±2 mm；F-A 边 0 mm，角 +8″

引测施工现场的施工标高 +0.500 m = 53.000 mm，三个误差在2 mm以内

签字栏	建设(监理)单位	施工(测量)单位	××	测量人员岗位证书	××
		专业技术负责人	测量负责人	复测人	施测人
	×××	×××	×××	×××	×××

注：本表由建设单位、监理单位、施工单位、城建档案馆各保存一份。

4.4 基槽验线记录

【基　　础】

◆ **基槽验线表**

基槽验线记录见表4.13。

表4.13　基槽验线记录

编号：_____

工程名称		日期	

验线依据及内容：

基槽平面、剖面简图：

检查意见：

签字栏	建设(监理)单位	施工测量单位		
		专业技术负责人	专业质检员	施测人

注：本表由建设单位、监理单位、施工单位、城建档案馆各保存一份。

◆ **基槽验线表填表说明**

1. 附件收集
"普通测量成果"及基础平面图等。

2. 资料流程
基槽验线表由施工单位填写,随相应部位的测量放线报验表进入资料流程。

3. 相关规定与要求
施工测量单位应根据主控轴线和基槽底平面图,检验建筑物基底外轮廓线、集水坑、电梯井坑、垫层底标高(高程)、基槽断面尺寸和坡度等,填写基槽验线记录并报监理单位审核。

4. 基槽验线记录
基槽验线记录由建设单位、施工单位、城建档案馆各保存一份。

5. 注意事项
重点工程或大型工业厂房应有测量原始记录。

◆ **基槽验线记录的填写要求**

(1)验线依据是指由建设单位或测绘院提供的坐标、高程控制点或工程测量定位控制桩、高程点等,内容要描述清楚。

(2)基槽平面剖面简图要画出基槽平、剖面简图轮廓线,应标注主轴线尺寸,标注断面尺寸、高程。

(3)检查意见一栏由监理人员签署。

(4)签字栏中测量负责人为施测单位主管;技术负责人为项目总工;质量检查员为现场质检员。

(5)施工单位一栏按"谁施工填谁"这一原则执行。

【实　务】

◆基槽验线记录填写范例

基槽验线记录填写范例见表4.14。

表4.14　基槽验线记录

编号：×××

工程名称	××小区工程	日期	2010年6月3日

验线依据及内容：
　　依据规划局委托放线单位测设的定位点 $1'\sim A'$、$1'\sim L'$、$29'\sim A'$、$29'\sim L'$ 及结施基础结构总平面图

基槽平面、剖面简图：

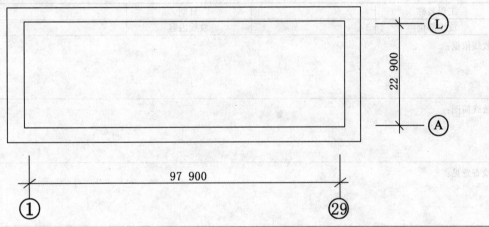

检查意见：

　　　　　　　　　　　　　　符合要求

签字栏	建设(监理)单位	施工测量单位		××建筑工程公司	
		专业技术负责人	专业质检员		施测人
	×××	×××	×××		×××

注：本表由建设单位、监理单位、施工单位、城建档案馆各保存一份。

4.5 楼层平面放线记录

【基　　础】

◆**楼层平面放线记录表**

楼层平面放线记录见表4.15。

表4.15　楼层平面放线记录表

编号：_____

工程名称		日期	
放线部位		放线内容	
放线依据：			
放线简图：			
检查意见：			

签字栏	建设(监理)单位	施工测量单位		
		专业技术负责人	专业质检员	施测人

注：本表由建设单位、监理单位、施工单位、城建档案馆各保存一份。

◆**楼层平面放线记录填表说明**

（1）附件收集可附平面图。

（2）资料流程由施工单位填写，随相应部位的测量放线报表进入资料流程。

（3）相关规定与要求楼层平面放线内容包括轴线竖向投测制线、各层墙柱轴线、墙柱边线、门窗洞口位置线、垂直度偏差等，施工单位应在完成楼层平面放线后，填写楼层平面放线记录（表4.15）并报监理单位审核。

（4）楼层平面放线记录由施工单位保存。

（5）注意事项"放线部位"及"放线依据"应准确、详细。

【实 务】

◆楼层平面放线记录填写范例

楼层平面放线记录填写范例见表4.16。

表4.16 楼层平面放线记录范例

编号:×××

工程名称	××工程	日期	×××
放线部位	地下一层1-7/A-J轴顶板	放线内容	轴线竖向投测控制线,墙柱轴线、边线、门窗洞口位置位置线,垂直度偏差等

放线依据:
①施工图纸(图号××),设计变更/洽商(编号××)
②本工程《施工测量方案》
③地下二层已放好的控制桩点

放线简图:

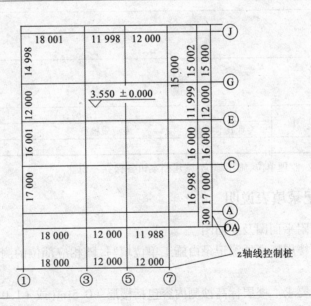

检查意见:
1. 1-7/A-J轴为地下一层外廊纵横轴线
2. 括号内数据为复测数据(或结果)
3. 各细部轴线间几何尺寸相对精度最大偏差+2 mm,90°角中误差10″,精度合格
4. 放线内容均已完成,位置准确,垂直度偏差在允许范围内,符合设计及测量方案要求,可以进行下道工序施工

签字栏	建设(监理)单位	施工测量单位	××建筑工程公司	
		专业技术负责人	专业质检员	施测人
	×××	×××	×××	×××

注:本表由建设单位、监理单位、施工单位、城建档案馆各保存一份。

4.6 楼层标高抄测记录

【基　础】

◆楼层标高抄测记录表

楼层标高抄测记录见表4.17。

表4.17　楼层标高抄测记录

编号：_____

工程名称		日期	
抄测部位		抄测内容	

抄测依据：

抄测说明：

检查意见：

签字栏	建设(监理)单位	施工测量单位		
		专业技术负责人	专业质检员	施测人

注：本表由建设单位、监理单位、施工单位、城建档案馆各保存一份。

◆楼层标高抄测记录填表说明

(1)附件收集可附平面图及立面图。

(2)资料流程。楼层标高抄测记录由施工单位填写，随相应部位的测量放线报验表进入资料流程。

(3)相关规定与要求。楼层标高抄测内容包括楼层+0.5 m(或+1.0 m)水平控制线、皮数杆等，施工单位应在完成楼层标高抄测记录后，填写楼层标高抄测楼层放线记录(表4.17)报监理单位审核。

(4)楼层标高抄测记录，楼层标高抄测记录由施工单位保存。

(5)注意事项。基础、砖墙必须设置皮数杆，以此控制标高，用水准仪校核。(允许误差±3 mm)

◆楼层标高抄测记录填写要求

(1)抄测部位。应注明哪层哪段，如首层Ⅱ段⑤~⑩轴。

(2)抄测内容。写明是50 cm线还是1 m线。

(3)抄测简图。画出抄测部位的简图。
(4)抄测依据。要根据测绘院给出的高程点、施工图等。
(5)检查意见一栏由监理人员签署。
(6)签字栏中测量责任人为具体操作人员;技术负责人为项目总工;质量检查员为现场质检员。
(7)施工单位一栏按"谁施工填谁"这一原则执行。

【实　务】

◆楼层标高抄测记录填写范例

楼层标高抄测记录填写范例见表4.18。

表4.18　楼层标高抄测记录

工程名称	××写字楼工程	日期	2010年7月4日
抄测部位	地上六层36~40/G-P轴墙柱	抄测内容	楼层+0.5 m水平控制线

抄测依据:
(1)施工图纸(图号××),设计变更/洽商(编号××)
(2)本工程《施工测量方案》
(3)地上五层已放好的控制桩点

抄测说明:
　　地上六层36~40/G~P轴墙柱+0.5 m水平控制线,标高=23.4 m,标高点的位置设在墙柱上,依据《测量方案》,在墙柱上设置固定的三个点,作为引测需要
　　测量工具:自动安平水准仪,型号DZS3-1

检查意见:
　　经检验:地上六层36~40/G~P轴墙柱,+0.5 m水平控制线已按施工图纸,测量方案引测完毕,引测方法正确,标高传递准确,误差值-1 mm,符合设计、规范要求

签字栏	建设(监理)单位	施工测量单位	××建筑工程公司	
		专业技术负责人	专业质检员	施测人
	×××	×××	×××	×××

4.7 建筑物垂直度、标高测量记录

【基 础】

◆**建筑物垂直度、标高测量记录表**

建筑物垂直度、标高测量记录见表4.19。

表4.19 建筑物垂直度、标高测量记录

编号：_____

工程名称			
放线部位	结构工程	观测日期	

观测说明(附观测示意图)：

垂直度测量(全高)		标高测量(全高)	
观测部位	实测偏差/mm	观测部位	实测偏差/mm

结论：

工程垂直度、标高测量结构符合设计及规范规定

签字栏	建设(监理)单位	施工测量单位		
		专业技术负责人	专业质检员	施测人

注：本表由建设单位、监理单位、施工单位、城建档案馆各保存一份。

◆ **建筑物垂直度、标高测量记录填表说明**

（1）资料流程。建筑物垂直度、标高测量记录由施工单位填写，随相应部位的测量放线报验表进入资料流程。

（2）相关规定与要求。施工单位应在结构工程完成和工程完工竣工时，对建筑物进行垂直度测量记录和标高全高进行实测并控制记录，填写建筑物垂直度、标高测量记录报监理单位审核，超过允许偏差且影响结构性能的部位，应由施工单位提出技术处理方案，并经建设（监理）单位认可后进行处理。

（3）建筑物垂直度、标高测量记录。建筑物垂直度、标高测量记录由建设单位、施工单位各保存一份。

（4）注意事项。"专业技术负责人"栏内填写项目总工，"专业质检员"栏内填写现场质量检查员，"施测人"栏内填写具体测量人员。

◆ **建筑物垂直度、标高测量记录填写要求**

（1）施工阶段。

（2）观测说明。采用仪器类型，观测点位布置，观测时间的确定等，均应说明。

（3）观测示意图，按实际建筑物轮廓画示意图，标注观测点位置。

（4）观测结果，可将观测的数值填上。

（5）结论，根据观测的数值下结论。

（6）签字栏中技术负责人为项目总工；测量负责人为施测单位主管；质量检查员为现场质检员。

（7）施工单位一栏按"谁施工填谁"这一原则执行。

【实　　务】

◆ **建筑物垂直度、标高测量记录填写范例**

建筑物垂直度、标高测量记录填写范例见表4.20。

表4.20 建筑物垂直度、标高测量记录

编号：×××

工程名称		××住宅楼	
放线部位	结构工程	观测日期	2010年8月8日

观测说明(附观测示意图)：

垂直度测量(全高)		标高测量(全高)	
观测部位	实测偏差/mm	观测部位	实测偏差/mm
一层	东2 mm，北3 mm	1/A	2
二层	东北向 -3 mm	1/F	-3
三层	东3 mm，北2 mm	6/A	3

结论：

工程垂直度、标高测量结构符合设计及规范规定

签字栏	建设(监理)单位	施工测量单位	××建筑工程公司	
		专业技术负责人	专业质检员	施测人
	×××	×××	×××	×××

注：本表由建设单位、监理单位、施工单位、城建档案馆各保存一份。

4.8 沉降观测记录

【基　　础】

◆应做沉降观测的范围

属于下列情况之一者应进行沉降观测。
(1)重要的工业与民用建筑物。
(2)造型复杂的14层以上的高层建筑物。
(3)20层以上的高层建筑物。
(4)对地基变形有特殊要求的建筑物。
(5)单桩承受荷载在4 000 kN以上的建筑物。
(6)由于施工使用或科研要求进行沉降观测的建筑物。
(7)使用灌柱桩基础且设计与施工人员经验不足的建筑物。

◆基准点埋设要求

（1）坚实稳固，便于观测。

（2）埋设在变形区以外，标识底部应在冻土层以下，基准点的标识形式可参考《建筑施工测量技术规程》（DB11/T 446—2007）附录C"测量控制桩点的标志和埋设"选用。

（3）因条件限制，必须在变形区内设置基准点时，应埋设深埋式基准点，埋深至降水面以下4 m。

（4）可利用永久性建（构）筑物设立墙上基础点，也可利用基岩凿埋标志。

◆基坑回弹观测点的设置要求

（1）在深基坑最能反映回弹特征的十字曲线上设置观测点，不宜少于5个。

（2）回弹观测标志顶部高程应低于基坑底面300～400 mm。

（3）钻孔应铅垂，并设置保护管，基础开挖前钻孔，施测后用白灰回填。

◆基坑回填观测要求

（1）基坑开挖前、后及基础混凝土浇筑前各观测一次。

（2）读数前应仔细检查悬吊尺（磁重锤）与标志顶部接触情况。

（3）两次仪器抄测高差的允许误差为±3 mm。

（4）对传递高程的钢尺应进行尺长及温度等校正。

【实　务】

◆沉降观测网主要技术要求和测法

沉降观测网应布设附和或闭合路线，其主要技术要求和测法应符合表4.21的规定。

表4.21　沉降观测网主要技术要求和测法/mm

等级	相邻基准点高差中误差	每站高差中误差	往返较差、附和或环线闭合差	检测已测高差较差	使用仪器、观测方法及要求
一等	±0.3	±0.07	±0.15$\sqrt{n}$	0.2$\sqrt{n}$	DS05型仪器，宜按国家一等水准测量的技术要求施测
二等	±0.5	±0.13	±0.30$\sqrt{n}$	0.5$\sqrt{n}$	DS05型仪器，宜按国家一等水准测量的技术要求施测
三等	±1.0	±0.30	±0.60$\sqrt{n}$	0.8$\sqrt{n}$	DS05或DS1型仪器，宜按国家二等水准测量的技术要求施测
四等	±2.0	±0.70	±1.40$\sqrt{n}$	2.0$\sqrt{n}$	DS1或DS3型仪器，宜按国家三等水准测量的技术要求施测

◆沉降观测点的布置要求

沉降观测点的布设位置主要由设计单位确定,施工单位埋设,应符合下列要求:

(1)稳固可靠,便于保存,不影响施工及建筑物的使用和美观。
(2)布置在变形明显而又有代表性的部位。
(3)避开暖气管、落水管、窗台、配电盘及临时构筑物。
(4)框架式结构的建筑物应在桩基上设置观测点。
(5)承重墙可沿墙的长度每隔 8~12 m 设置一个观测点,在转角处、纵横墙连接处、沉降缝两侧也应设置观测点。
(6)高耸构筑物的沉降观测点应布置在轴线对称部位,每个构筑物应不少于四个观测点。
(7)观测点的埋设应符合《建筑施工测量技术规程》(DB11/T 446—2007)附录 F"沉降观测标志与埋设"的要求。

◆沉降观测点的精度等级和观测方法

沉降观测应采用几何水准测量或液体静力水准测量方法进行。沉降观测点的精度等级和观测方法,应根据工程需要的观测等级确定并符合表 4.22 的规定。

表 4.22　沉降观测点的精度等级和观测方法

等级	高程中误差	相邻点高差中误差	往返较差及附和或环线闭合差	观测方法及使用仪器
一等	±0.3	±0.15	$±0.15\sqrt{n}$	按国家一等精密水准测量,使用 DS05 水准仪、精密液体静力水准测量,微水准测量等
二等	±0.5	±0.30	$±0.30\sqrt{n}$	按国家一等精密水准测量,使用 DS05 水准仪、精密液体静力水准测量
三等	±1.0	±0.50	$±0.60\sqrt{n}$	按国家二等精密水准测量,使用 DS05 或 DS1 型水准仪、液体静力水准测量
四等	±2.0	±1.00	$±1.40\sqrt{n}$	按国家三等精密水准测量,使用 DS05 或 DS1 型水准仪

◆沉降观测次数、时间和期限

(1)荷载变化期间,沉降观测周期应符合下列要求。
1)高层建筑施工期间每增加 1~2 层,电视塔、烟囱等每增高 10~15 m 应观测 1 次,工业建筑应在不同荷载阶段分别进行观测,整个施工期间的观测不应少于 4 次。
2)基础周围大量积水、挖方、降水及暴雨后应观测。
3)基础混凝土浇筑、回填土及结构安装等增加较大荷载前后应进行观测。
4)施工期间因故暂停施工超过三个月,应在停工时及复工前进行观测。
5)出现不均匀沉降时,根据情况应增加观测次数。
(2)结构封顶至工程竣工,沉降周期宜符合下列要求。

1)连续二次每三个月平均沉降量不超过 2 mm 时,每六个月观测一次。
2)均匀沉降且连续三个月内平均沉降量不超过 1 mm 时,每三个月观测一次。
3)外界发生剧烈变化时应及时观测。
4)交工前观测一次。
5)交工后建设单位应每六个月观测一次,直至基本稳定(1 mm/100 d)为止。
(3)建筑物和构筑物全部竣工后观测次数。
1)第一年 4 次。
2)第二次 2 次。
3)第三年以后每年一次,至下沉稳定(由沉降与时间的关系曲线判定)为止。
(4)观测期限。
1)软土地基 10 年。
2)黏性土地基 5 年。
3)砂土地基 2 年。

◆沉降观测资料

沉降观测资料应及时整理和妥善保存,并应附有下列各项资料:
(1)根据建筑物和构筑物的平面图绘制的观测点的位置图,根据沉降观测结果绘制的沉降量、地基荷载与连续时间三者的关系曲线图及沉降量分布曲线图。
(2)计算出的建筑物和构筑物的平均沉降量、相对弯曲和相对倾斜值。
(3)根据水准点测量得出的每个观测点高程和其逐次沉降量。
(4)水准点的平面布置图和构造图,测量沉降的全部原始资料。

第5章 施工物资资料管理

5.1 施工物资资料管理概述

【基 础】

◆ **对文件资料的基本要求**

(1)工程物资主要包括建筑材料、成品、半成品、构配件、设备等,建筑工程所使用的工程物资均应有出厂质量证明文件(包括产品合格证、出厂检验报告、产品生产许可证和质量保证书等)。当无法或不便提供质量证明文件原件时,复印件亦可。复印件必须清晰可辨认,其内容应与原件一致,并应加盖原件存放单位公章、注明原件存放处、有经办人签字和时间。

(2)涉及结构安全和使用功能的材料需要代换且改变了设计要求时,必须有设计单位签署的认可文件。涉及安全、卫生、环保的物资应有相应资质等级检测单位的检测报告,如压力容器、消防设备、生活供水设备、卫生洁具等。

(3)凡使用的新材料、新产品,应由具备鉴定资格的单位或部门出具鉴定证书,同时具有产品质量标准和试验要求,使用前应按其质量标准和试验要求进行试验或检验。新材料、新产品还应提供安装、维修、使用和工艺标准等相关技术文件。

(4)进口材料和设备等应有商检证明(国家认证委员会公布的强制性[COC]产品除外)、中文版的质量证明文件、性能检测报告及中文版的安装、维修、使用、试验要求等技术文件。

◆ **对进场检验的基本要求**

建筑工程采用的主要材料、半成品、成品、构配件、器具、设备等应实行进场验收,做进场检验记录;涉及安全、功能的有关物资应按工程施工质量验收规范及相关规定进行复试和有见证取样送检,及时提供相应试(检)验报告。

◆ **对分级管理的基本要求**

(1)分级管理的原则。供应单位或加工单位负责收集、整理和保存所供物资原材料的质量证明文件,施工单位则需收集、整理和保存供应单位或加工单位提供的质量证明文件和进场后进行的试(检)验报告。各单位应对各自范围内工程资料的汇集、整理结果负责,并保证工程资料的可追溯性。

(2)钢筋资料的分级管理。钢筋采用场外委托加工形式时,加工单位应保存钢筋的原材出厂质量证明、复试报告、接头连接试验报告等资料,并保证可追溯性;加工单位必须向施工单位提供《半成品钢筋出厂合格证》,半成品钢筋进场后施工单位还应进行外观质量检查,如对质量产生怀疑或有其他约定时可进行力学性能和工艺性能的抽样复试。

(3)混凝土资料的分级管理。

1)预拌混凝土供应单位必须向施工单位提供以下资料:配合比通知单;混凝土运输单;混凝土出厂合格证(32 d 内提供);混凝土氯化物和碱总量计算书。

2)预拌混凝土供应单位除向施工单位提供上述资料外,还应保证以下资料的可追溯性:试配记录、水泥出厂合格证和试(检)验报告、砂和碎(卵)石试验报告、轻集料试(检)验报告、外加剂和掺和料产品合格证和试(检)验报告、开盘鉴定、混凝土抗压强度报告(出厂检验混凝土强度值应填入预拌混凝土出厂合格证)、抗渗试验报告(试验结果应填入预拌混凝土出厂合格证)、混凝土坍落度测试记录(搅拌站测试记录)和原材料有害物含量检测报告。

3)施工单位应形成以下资料:混凝土浇灌申请书;混凝土抗压强度报告(现场检验);抗渗试验报告(现场检验);混凝土试块强度统计、评定记录(现场)。

4)采用现场搅拌混凝土方式的施工单位应收集、整理上述资料中除预拌混凝土出厂合格证、预拌混凝土运输单之外的所有资料。

(4)预制构件资料的分级管理。施工单位使用预制构件时,预制构件加工单位应保存各种原材料(如钢筋、钢材、钢丝、预应力筋、木材、混凝土组成材料)的质量合格证明、复试报告等资料及混凝土、钢构件、木构件的性能试验报告和有害物含量检测报告等资料,并应保证各种资料的可追溯性;施工单位必须保存加工单位提供的预制混凝土构件出厂合格证、钢构件出厂合格证及其他构件合格证和进场后的试(检)验报告。

【实　　务】

◆施工物资资料的管理流程

施工物资资料的管理流程见图 5.1。

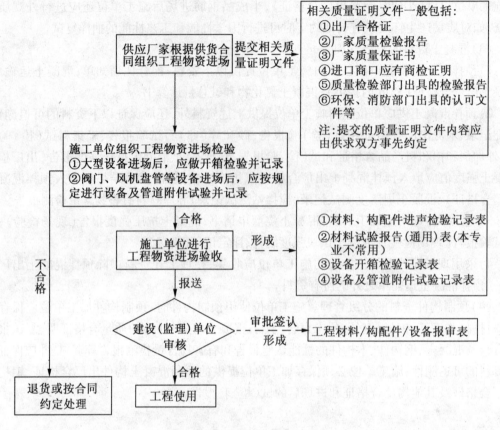

图 5.1 施工物资资料管理流程

◆主要施工物资应具备的资料及注意事项

主要施工物资应具备的资料及注意事项见表 5.1 ~ 5.14。

表 5.1 砂与碎(卵)石

项目	说 明
应具备的资料	砂、石使用前应按规定取样复试,具有应有试验报告
注意事项	对受地下水影响较大的地下结构按规定应预防碱集料反应的工程或结构部位所使用的砂、石、所使用的砂、石还应进行碱活性检验,由供应单位应具有提供相应砂、石的碱活性检验报告

第5章 施工物资资料管理

表 5.2 钢筋(材)

项目	说　明
应具备的资料	(1)水泥生产厂家必须提供有出厂质量合格证明文件,内容有厂别、品种、出厂日期、出厂编号和必要的试验数据;水泥生产单位应在水泥出厂7 d内提供28 d强度以外的各项试验结果,28 d强度结果应在水泥发出日起32 d内补报 (2)用于承重结构的水泥、用于使用部位有强度等级要求的水泥、水泥出厂和超过三个月(快硬硅酸盐水泥为一个月)和进口水泥在使用前必须进行复试,具有应有试验报告;混凝土和砌筑砂浆用水泥应实行有见证取样和送检
注意事项	钢筋对混凝土结构的承载力至关重要,应加强进场物资的验收和复验。有下列情况之一,钢筋应被视为不合格品:出厂质量证明文件不齐全;品种、规格与设计文件上的品种、规格不一致 机械性能检验项目不齐全或某一机械性能指标不符合标准规定;进口钢材使用前未做化学成分检验和可焊性试验。《混凝土结构工程施工质量验收规范》(GB50204—2002)规定:对有抗震设防要求的框架结构,其纵向受力钢筋的强屈比应满足设计要求;当设计无具体要求时,对一、二级抗震等级,检验所得的强度实测值应符合下列规定;钢筋的抗拉强度实测值与屈服强度实测值的比值不应小于1.25;钢筋的屈服强度实测值与强度标准的比值不应大于1.3。其目的是为保证钢筋在地震作用下,钢筋具有足够的变形能力。本规定为强制性条文,应严格执行。在钢筋施工过程中,若发现钢筋性能异常,应立即停止使用,并对同批钢筋进行专项检验

表 5.3 水泥

项目	说　明
应具备的资料	(1)水泥生产厂家必须提供有出厂质量合格证明文件,内容有厂别、品种、出厂日期、出厂编号和必要的试验数据;水泥生产单位应在水泥出厂7 d内提供28 d强度以外的各项试验结果,28 d强度结果应在水泥发出日起32 d内补报 (2)用于承重结构的水泥、用于使用部位有强度等级要求的水泥、水泥出厂超过三个月(快硬硅酸盐水泥为一个月)和进口水泥在使用前必须进行复试,具有应有试验报告;混凝土和砌筑砂浆用水泥应实行有见证取样和送检
注意事项	(1)用于钢筋混凝土结构、预应力混凝土结构中的水泥,检测(验)报告应含有害物含量检测内容,混凝土和砌筑砂浆用水泥应实行有见证取样和送检 (2)用于钢筋混凝土结构、预应力混凝土结构中的水泥,检测(验)报告应有氯化物含量检测内容

表 5.4 防水材料

项目	说　明
应具备的资料	(1)防水材料主要包括防水涂料、防水卷材、粘结剂、止水带、膨胀胶条、密封膏、密封胶、水泥基渗透结晶性防水材料等 (2)防水材料必须有出厂质量合格证、法定相应资质等级检测部门出具的检测报告、产品性能和使用说明书 (3)防水材料进场后应进行外观检查,合格后按规定取样复试,并实行觅证取样和送检
注意事项	(1)如使用新型防水材料,应有法定相关部门、单位的鉴定资料文件,使用过程中,应并有专门的施工工艺操作规定规程和有代表性的抽样试验记录 (2)对于止水条、密封膏、黏结剂等辅助性防水材料,属于用量较少的一般工程,当供货方提供有效的试验报告及出厂质量证明,且进场外观检查合格,可不作进场复验

表5.5 外加剂

项目	说 明
应具备的资料	(1)外加剂主要包括减水剂、早强剂、缓凝剂、泵送剂、防水剂、防冻剂、膨胀剂、引气剂和速凝剂等 (2)外加剂必须提供有质量合格证明书或合格证、相应资质等级检测材料检测部门出具的检测报告、产品性能和使用说明书等 (3)使用前应按照现行产品标准和检测方法标准进行规定取样复试,应具有复试报告;承重结构混凝土使用的外加剂应实行有见证取样和送检
注意事项	钢筋混凝土结构所使用的外加剂应有氯化物等有害物含量的检测报告。当含有氯化物时,应做混凝土氯化物总含量的检测,其总含量应符合国家现行标准要求

表5.6 掺和料

项目	说 明
应具备的资料	(1)掺和料主要包括粉煤灰、粒化高炉矿渣粉、沸石粉、硅灰和复合掺和料等 (2)掺和料应有必须有出厂质量合格证明文件
注意事项	用于结构工程的掺和料应按规定取样复试,具有应有复试报告

表5.7 砖与砌块

项目	说 明
应具备的资料	砖与砌块生产厂家必须提供有出厂质量合格证明文件
注意事项	(1)用于承重结构、产品无合格证或出厂试验项目不齐全的砖与砌块应做进场取样复试,具有应有复试报告 (2)用于承重墙的用砖和混凝土小型砌块应实行有见证取样和送检

表5.8 轻骨料

项目	说 明
应具备的资料	轻骨料的生产厂家必须提供有出厂质量合格证明文件
注意事项	使用前并按规定取样复试,应有复试报告

表5.9 装饰装修物资

项目	说 明
应具备的资料	(1)装饰、装修物资主要包括抹灰材料、地面材料、吊顶材料、轻质隔墙材料、饰面板(砖)、涂料、裱糊与软包材料和细部工程材料等 (2)装饰、装修工程所用的主要物资均应有出厂质量证明文件,包括出厂合格证、检验(测)报告和质量保证书等
注意事项	(1)进场后应进行复验复试的物资(如建筑外窗、人造木板、室内花岗石、外墙面砖和安全玻璃等),应按照现行相关规范规定执行进行复试,并具有应有相应复试报告 (2)建筑外窗应有抗风压性能、空气渗透性能和雨水渗透性能检测报告 (3)有隔声、隔热、防火阻燃和防水潮防和防腐等特殊要求的物资应有相应的性能检测报告 (4)当规范或合同约定应对材料进行做见证检验(测)时,或对材料质量发生产生争议异议时,应进行见证检验,并具有相应检验(测)报告

第5章 施工物资资料管理

表 5.10 预应力工程物资

项目	说明
应具备的资料	(1) 预应力工程物资主要包括预应力筋、锚(夹)具和连接器、水泥和预应力筋用螺旋管等 (2) 主要物资应有出厂质量合格证明文件,包括出厂合格证、检验(测)报告等
注意事项	(1) 钢材、钢构件应有性能检验报告,其品种、规格和性能等应符合现行国家标准、设计和合同规定标准要求,按规定应复验复试的钢材必须有复验复试报告,并按规定实行有见证取样和送检 (2) 重要钢结构采用焊接材料应有复试报告,并按规定实行有见证取样和送检。焊接材料应有性能检验报告。重要钢结构采用焊接材料应进行抽样复验,具有复验报告并按规定实行有见证取样和送检 (3) 防火涂料应有相应资质等级国家法定检测机构出具的检测报告

表 5.11 钢结构工程物资

项目	说明
应具备的资料	(1) 钢结构工程物资主要包括钢材、钢构件、焊接材料、连接用紧固件及配件、防火防腐涂料、焊接(螺栓)球、封板、锥头、套筒和金属板等 (2) 主要物资应有出厂质量合格证明文件,包括出厂合格证、检验(测)报告和中文标志等
注意事项	(1) 钢材、钢构件应有性能检验报告,其品种、规格和性能等应符合现行国家标准、设计和合同规定标准要求。按规定应复验复试的钢材必须有复验复试报告,并按规定实行有见证取样和送检 (2) 重要钢结构采用焊接材料应有复试报告,并按规定实行有见证取样和送检。焊接材料应有性能检验报告。重要钢结构采用焊接材料应进行抽样复验,具有复验报告并按规定实行有见证取样和送检 (3) 防火涂料应有相应资质等级国家法定检测机构出具的检测报告

表 5.12 木结构工程物资

项目	说明
应具备的资料	(1) 木结构工程物资主要物资包括木材方木、原木、胶合木、胶合剂和钢连接件等 (2) 主要物资应有应有出厂质量合格证明文件,包括产品合格证、检测报告等
注意事项	(1) 按规定须复试的木材、胶合木的胶缝和钢件应有复试报告 (2) 木构件应有含水率试验报告 (3) 木结构用圆钉应有强度检测报告

表 5.13 幕墙工程物资

项目	说明
应具备的资料	(1) 幕墙工程物资主要包括玻璃、石材、铝塑金属板、铝合金型材、钢材、粘结剂及密封材料、王金件及配件、连接件和涂料等 (2) 主要物资应有出厂质量合格证明文件,包括产品合格证、检测报告、商检证等
注意事项	(1) 按规定应复试的幕墙物资必须有复试报告,幕墙工程用玻璃、石材和铝塑板应有法定检测机构出具的性能检测报告 (2) 幕墙应有抗风压性能、空气渗透性能、雨水渗透性能及平面变形性能的检测报告。硅酮结构胶应有国家指定检测机构出具的相容性和剥离黏结性检验报告 (3) 玻璃、石材和金属板应有法定相应资质等级检测机构出具的性能检测报告。应复验的幕墙物资需按现行规范要求,在正式使用前取样复试,具有复试报告
注意事项	(4) 幕墙应使用安全玻璃,具有应有安全性能检测报告,并按有关规定取样复试(凡获得中国强制认证标志[CCC]的安全玻璃可免做现场复试) (5) 幕墙用铝合金型材应有涂膜厚度的检测,并符合设计和规范要求 (6) 幕墙用防火材料应有相应资质等级国家法定检测机构出具的耐火性能检测报告

表5.14 材料污染物含量检测报告

项目	说明
应具备的资料	民用建筑工程所使用的材料应按照现行规范要求做污染物检测,应有污染物含量检测报告
注意事项	民用建筑工程室内装饰装修用花岗石材应有放射性复试报告,人造木板及饰面人造板应有甲醛含量复试报告

5.2 工程材料、构配件、设备报审表

【基 础】

◆**工程材料、构配件、设备报审表**

工程材料、构配件、设备报审表见表5.15。

表5.15 工程材料、构配件、设备报审表

工程名称:_____　　　　　　　　　　　　　　　　　　　　编号:_____

致:_____(监理单位)

　　我方于____年____月____日进场的工程材料、构配件、设备数量如下(见附件)。现将质量证明文件及自结果报上,拟用于下述部位

_____

_____

请予以审核

附件:

1. 数量清单

工程材料、构配件、设备数量	主要规格	单位	数量	联样报审表编号

2. 质量证明文件

　　　　　　　　　　出厂合格证及复试报告

3. 自检结果

　　　　　　　　　　　　　　　　　　　　　　　　承包单位(章):_____
　　　　　　　　　　　　　　　　　　　　　　　　项目经理:_____
　　　　　　　　　　　　　　　　　　　　　　　　日期:_____

审查意见:

　　　　　　　　　　　　　　　　　　　　　　　　项目监理机构:_____
　　　　　　　　　　　　　　　　　　　　　　　　总/专业监理工程师:_____
　　　　　　　　　　　　　　　　　　　　　　　　日期:_____

注:本表由施工单位填报,建筑单位、监理单位、施工单位各保存一份。

◆工程材料、构配件、设备报审表填表说明

1. 附件收集

（1）物资进场报验须附资料应根据具体情况（合同、规范、施工方案等要求）由监理、施工单位和物资供应单位预先协商确定。

（2）由施工单位负责收集附件。（包括产品出厂合格证、性能检测报告、出厂试验报告、进场复试报告、材料构配件进场检验记录、产品备案文件、进口产品的中文说明和商检证等）

2. 资料流程

由直接使用所报验施工物资的施工单位填写。（总承包单位或分承包单位）

3. 相关规定与要求

（1）工程物资进场后，施工单位要及时检查外观、数量及供货单位提供的质量证明文件等，合格后填写表5.15。

（2）填写齐全且收集全所需附件后报上级单位检查。（若由总包单位填写，则直接上报监理单位审批；若由分包单位填写，需先上报总包单位检查，总包检查合格并签认后由总包上报监理单位审批）

（3）监理单位审批后将资料返还总包单位，若表5.15是由分包单位填写的则总包单位还应返还给分包单位。

（4）上述流程中涉及的各单位（监理、总包、分包等）均应将签认后的资料留取备份并按要求存档。

【实　务】

◆工程材料、构配件、设备报审表填写范例

工程材料、构配件、设备报审表见表5.16。

第5章 施工物资资料管理

表5.16 工程材料、构配件、设备报审表

工程名称：××小区工程　　　　　　　　　　　　　　　　　　　　　编号：×××

致：×××项目监理部（监理单位）

　　我方于<u>2010</u>年<u>5</u>月<u>9</u>日进场的工程材料、构配件、设备数量如下（见附件）。现将质量证明文件及自结果报上，拟用于下述部位：

　　　　　　　　　　　　　　××小区楼桩基础

请予以审核

附件：

1. 数量清单

工程材料、构配件、设备数量	主要规格	单位	数量	联样报审表编号
砂子	××	m³	400	××××
碎石	××	m³	400	××××
水泥	P.S32.5	t	60	××××

2. 质量证明文件

出厂合格证及复试报告

3. 自检结果

工程材料质量证明资料齐全，观感质量及进场复试检验结构合格

承包单位（章）：××建筑工程公司

项目经理：张××

日期：2010年5月10日

审查意见：

　　经检查上述材料、构配件、设备，符合/不符合设计文件和规范的要求，允许/进场，同意/使用于拟定部位

项目监理机构：××监理公司××项目监理部

总/专业监理工程师：王××

日期：2010年5月10日

注：本表由施工单位填报，建筑单位、监理单位、施工单位各保存一份。

5.3 材料、构配件进场检验记录

【基　　础】

◆**材料、构配件进场检验记录表格**

材料、构配件进场检验记录见表5.17。

表5.17　材料、构配件进场检验记录

编号：_____

工程名称				检验日期			
序号	名称	规格型号	进场数量	生产厂家	检验项目	检验结果	备注
				合格证号			

检验结论：

签字栏	建设(监理)单位	施工测量单位		
		专业质检员	专业工长	检验员

注：本表由施工单位填写并保存。

◆**材料、构配件进场检验记录填表说明**

1. 附件收集

（1）物资进场报验需附资料应根据具体情况（合同、规范、施工方案等要求）由监理、施工单位和物资供应单位预先协商确定。

（2）由施工单位负责收集附件。（包括产品出厂合格证、性能检测报告、出厂试验报告、进场复试报告、材料构配件进场检验记录、产品备案文件、进口产品的中文说明和商检证等）

2. 资料流程

材料、构配件进场检验记录由直接使用所检查的材料及配件的施工单位填写，作为工程物资进场报验表填表进入资料流程。

3. 相关规定与要求

工程物资进场后，施工单位应及时组织相关人员检查外观、数量及供货单位提供的质量证明文件等，合格后填写材料、构配件进厂检验记录。

第 5 章 施工物资资料管理

4. 注意事项

(1) 工程名称填写应准确、统一,日期应准确。

(2) 物资名称、规格、数量、检验项目和结果等填写应规范、准确。

(3) 检验结论及相关人员签字应清晰可辨认,严禁其他人代签。

(4) 按规定应进场复试的工程物资,必须在进场检查验收合格后取样复试。

◆材料、构配件主要检查内容

(1) 物资出厂质量证明文件及检测报告是否齐全。

(2) 实际进场物资数量、规格和型号等是否满足设计和施工计划要求。

(3) 物资外观质量是否满足设计要求或规范规定。

(4) 按规定需抽检的材料、构配件是否及时抽检等。

【实 务】

◆材料、构配件进场检验记录填写范例

材料、构配件进场检验记录填写范例见表 5.18。

表 5.18 材料、构配件进场检验记录

编号:×××

工程名称				检验日期			
序号	名称	规格型号	进场数量	生产厂家合格证号	检验项目	检验结果	备注
1	焊接钢管	SC15	150 根		外观、质量证明文件	合格	
2	热镀锌扁铁	-25×4	100 根		外观、质量证明文件	合格	
3	导线	$RV52\times1.0$	8 km		外观、质量证明文件	合格	
4	导线	BV2.5	5 km		外观、质量证明文件	合格	
5	火灾报警控制器	FW8098TS	20 个		外观、质量证明文件	合格	
6	光电感烟探测器	FW8010A	20 个		外观、质量证明文件	合格	

检验结论:

以上材料、构配件经外观检查合格,管径壁厚均匀,材质、规格型号及数量经复检均符合设计、规范要求,产品质量证明文件齐全

签字栏	建设(监理)单位	施工测量单位		××建筑工程公司
		专业质检员	专业工长	检验员
	×××	×××	×××	×××

注:本表由施工单位填写并保存。

5.4 材料试验报告

【基　础】

◆材料试验报告（通用）表格及填表说明

1.通用材料试验报告表格

通用材料试验报告,见表5.19。

表5.19　材料试验报告（通用）

编　　号：_____
试验编号：_____
委托编号：_____

工程名称及部位		式样编号	
委托单位		试验委托人	
材料名称及规格		产地、厂别	
代表数量		来样日期		试验日期	

要求试验项目及说明：

试验结果：

结论：

批准		审核		试验	
试验单位					
报告日期					

注：本表由试验单位提供,建设单位、施工单位各保存一份。

2.材料试验报告（通用）表格及填表说明

（1）资料流程。材料试验报告由具备相应资质等级的检测单位出具,作为各种相关材料的附件进入资料流程。

（2）相关规定与要求。

1）不需要进场复试的物资,由供货单位直接提供。

2）需要进场复试的物资,由施工单位及时取样后送到规定的检测单位,检测单位根据有关标准进行试验后填写材料试验报告并返还给施工单位。

（3）注意事项。

1）工程名称、使用部位和代表数量应准确并符合规范要求。（应对检测单位告之准确内

容）

2）返还的试验报告应重点保存。

◆钢筋（材）试验报告表格

钢筋（材）试验报告见表5.20。

表5.20 钢筋（材）试验报告

编　　号：_____
试验编号：_____
委托编号：_____

工程名称					证件编号			
委托单位					试验委托人			
钢材种类		规格和牌号			生产厂			
代表数量		来样日期			试验日期			
公称直径(厚度)/mm					公称面积			

试验结果	力学性能					弯曲性能		
	屈服点/MPa	抗拉强度/MPa	伸长率/%	σ_b实/σ_s实	σ_s实/σ_b标	弯心直径	角度	结果
	化学分析							其他:
	分析编号	化学成分						
		C	Si	Mn	P	S	C_{eq}	

结论：

批准		审核		试验	
试验单位					
报告日期					

注：本表由试验单位提供，建设单位、施工单位各保存一份。

◆水泥试验报告表格

水泥试验报告见表5.21。

表5.21 水泥试验报告

编　　号：_____
试验编号：_____
委托编号：_____

<table>
<tr><td colspan="2">工程名称</td><td></td><td>试样编号</td><td colspan="2"></td></tr>
<tr><td colspan="2">委托单位</td><td></td><td>试验委托人</td><td colspan="2"></td></tr>
<tr><td colspan="2">品种及强度等级</td><td></td><td>出厂编号及日期</td><td colspan="2">厂别牌号</td></tr>
<tr><td colspan="2">代表数量/t</td><td></td><td>来样日期</td><td colspan="2">试验日期</td></tr>
<tr rowspan="10">试验结果</td><td colspan="2" rowspan="2">细度</td><td>80 μm方孔筛余量</td><td colspan="3"></td></tr>
<tr><td>比表面积</td><td colspan="3"></td></tr>
<tr><td colspan="2">标准稠度用水量 P/%</td><td colspan="4"></td></tr>
<tr><td colspan="2">凝结时间</td><td>初凝</td><td></td><td>终凝</td><td></td></tr>
<tr><td colspan="2">安定性</td><td>雷氏法</td><td></td><td>饼法</td><td></td></tr>
<tr><td colspan="2">其他</td><td colspan="4"></td></tr>
<tr><td colspan="2" rowspan="4">强度/MPa</td><td colspan="2">抗折强度</td><td colspan="2">抗压强度</td></tr>
<tr><td>3 d</td><td>28 d</td><td>3 d</td><td>28 d</td></tr>
<tr><td>单块值　平均值</td><td>单块值　平均值</td><td>单块值　平均值</td><td>单块值　平均值</td></tr>
<tr><td></td><td></td><td></td><td></td></tr>
<tr><td colspan="6">结论：</td></tr>
<tr><td colspan="2">批准</td><td>审核</td><td></td><td>试验</td><td></td></tr>
<tr><td colspan="2">试验单位</td><td colspan="4"></td></tr>
<tr><td colspan="2">报告日期</td><td colspan="4"></td></tr>
</table>

注：本表由试验单位提供，建设单位、施工单位、城建档案馆各保存一份。

◆砂与碎(卵)石试验报告表格

1. 砂试验报告

砂试验报告见表5.22。

表5.22 砂试验报告

编　　号：_____
试验编号：_____
委托编号：_____

	工程名称		试样编号	
	委托单位		试验委托人	
	种类		产地	
	代表数量		来样日期		试验日期	
试验结果	筛分析	细度模数(/μf)			
		级配区域/区			
	含泥量/%				
	泥块含量($kg \cdot m^{-3}$)				
	表观密度($kg \cdot m^{-3}$)				
	堆积密度($kg \cdot m^{-3}$)				
	碱活性指标				
	其他				

结论：

批准		审核		试验	
试验单位					
报告日期					

注：本表由试验单位提供，建设单位、施工单位、城建档案馆各保存一份。

2.碎(卵)石试验报告

碎(卵)石试验报告见表5.23。

表5.23 碎(卵)石试验报告

编　　号：_____
试验编号：_____
委托编号：_____

	工程名称			试样编号	
	委托单位			试验委托人	
	种类、产地			公称粒径/mm	
	代表数量		来样日期	试验日期	
试验结果	筛分析	级配情况		□连续粒级	□单粒级
		级配结果			
		最大粒径/mm			
	含泥量/%				
	泥块含量/%				
	针、片状颗粒含量/%				
	压碎指标值/%				
	表观密度/(kg·m^{-3})				
	堆积密度/(kg·m^{-3})				
	碱活性指标				
	其他				

结论：

批准		审核		试验	
试验单位					
报告日期					

注：本表由试验单位提供，建设单位、施工单位、城建档案馆各保存一份。

◆混凝土外加剂试验报告表格

混凝土外加剂试验报告见表 5.24。

表 5.24 混凝土外加剂试验报告

编　　号：_____
试验编号：_____
委托编号：_____

	工程名称		试样编号	
	委托单位		试验委托人	
	产品名称		生产厂家		生产日期	
	代表数量		来样日期		试验日期	
	试验项目			

	试验项目	试验结果
试验结果		

结论：

批准		审核		试验	
试验单位					
报告日期					

◆混凝土掺和料试验报告表格

混凝土掺和料试验报告见表5.25。

表5.25 混凝土掺和料试验报告

编　　号：_____
试验编号：_____
委托编号：_____

工程名称			试样编号			
委托单位			试验委托人			
掺和料种类		等　级			产　地	
代表数量		来样日期			试验日期	
试验结果	细度	0.045 mm方孔筛筛余/%				
		80 μm方孔筛筛余/%				
	需水量比					
	吸氨值/%					
	28 d水泥胶砂抗压强度比					
	烧失量/%					
	其他					

结论：

批准		审核		试验	
试验单位					
报告日期					

◆防水材料试验报告表格

1.防水涂料试验报告

防水涂料试验报告表格见表 5.26。

表 5.26 防水涂料试验报告

编　　号：_____
试验编号：_____
委托编号：_____

工程名称			试样编号		
委托单位			试验委托人		
种类、型号			生产厂家		
代表数量		来样日期		试验日期	
试验结果	延伸性/mm				
	拉伸强度/MPa				
	断裂伸长率/%				
	黏结性/MPa				
	耐热度	温度/℃		评定	
	不透水性				
	柔韧性(低温)	温度/℃		评定	
	固体含量/%				
	其他				

结论：

批准		审核		试验	
试验单位					
报告日期					

2.防水卷材试验报告

防水卷材试验报告表格见表5.27。

表5.27 防水卷材试验报告

编　　号：_____
试验编号：_____
委托编号：_____

	工程名称及部位			试样编号		
	委托单位			试验委托人		
	种类、等级、牌号			生产厂家		
	代表数量		来样日期		试验日期	
试验结果	拉力试验		拉力	纵/N		横/N
			拉伸强度	纵/MPa		横/MPa
	断裂伸长率(延伸率)			纵/%		横/%
	耐热度		温度/℃		评定	
	不透水性					
	柔韧性(低温柔性、低温弯折性)		温度/℃		评定	
	其他					

结论：

批准		审核		试验	
试验单位					
报告日期					

注：本表由试验单位提供，建设单位、施工单位、城建档案馆各保存一份。

◆砖与砌块试验报告表格

砖与砌块试验报告表格见表 5.28。

表 5.28 砖与砌块试验报告

编　　号：_____
试验编号：_____
委托编号：_____

工程名称					试样编号		
委托单位					试验委托人		
种类					生产厂家		
强度等级			密度等级			代表数量	
试件处理日期			来样日期			试验日期	

试验结果	烧结普通砖						
	抗压强度平均值 f/MPa		变异系数 $\delta \leqslant 0.21$		变异系数 $\delta > 0.21$		
			强度标准值 f_k/MPa		单块最小强度 f_k/MPa		
	轻集料混凝土小型空心砌块						
	砌块抗压强度/MPa				砌块干燥静观密度/(kg·m⁻³)		
	平均值		最小值				
	其他种类						
	抗压强度/MPa				抗折强度/MPa		
	平均值	最小值	大面		条面		平均值	最小值
			平均值	最小值	平均值	最小值		

结论：

批准		审核		试验	
试验单位					
报告日期					

注：本表由试验单位提供，建设单位、施工单位、城建档案馆各保存一份。

◆轻集料试验报告表格

轻集料试验报告表格见表5.29。

表5.29 轻集料试验报告

编　号：_____
试验编号：_____
委托编号：_____

工程名称				试样编号		
委托单位				试验委托人		
种类			密度等级		产　地	
代表数量			来样日期		试验日期	
试验结果	筛分析	密度模数(细骨粒)				
		最大粒径(粗骨粒)/mm				
		级配情况		□连续粒级		□单粒级
	表观密度/kg·m^{-3}					
	堆积密度/kg·m^{-3}					
	筒压强度/MPa					
	吸水率(1 h)/%					
	粒型系数					
	其他					

结论：

批准		审核		试验	
试验单位					
报告日期					

注：本表由试验单位提供，建设单位、施工单位、城建档案馆各保存一份

【实 务】

◆钢材试验报告填写范例

钢材试验报告填写范例见表5.30。

表5.30 钢筋(材)试验报告

编　　号：×××
试验编号：×××
委托编号：×××

工程名称		××工程		证件编号		×××	
委托单位		×××		试验委托人		×××	
钢材种类		热扎带肋	规格和牌号	HRB335φ25	生产厂	××钢铁集团公司	
代表数量		30 t	来样日期	2010-09-20	试验日期	2010-09-20	
公称直径(厚度)/mm		25.00		公称面积/mm²		490.0	
试验结果	力学性能					弯曲性能	
	屈服点/MPa	抗拉强度/MPa	伸长率/%	σ_b实/σ_s实	σ_s实/σ_b标	弯心直径	角度	结果
	385	605	26	1.57	1.15	75	180	合格
	385	605	26	1.57	1.15	75	180	合格
	化学分析					其他:	
	分析编号	化学成分					
		C	Si	Mn	P	S	C_{eq}

结论：
依据《钢筋混凝土用热轧带肋钢筋》(GB 1499.2—2007)标准,符合热扎带肋 HRB335 级力学性能

批准	×××	审核	×××	试验	×××
试验单位		××建筑构件厂(中心试验室)			
报告日期		2010-09-20			

注:本表由试验单位提供,建设单位、施工单位各保存一份。

◆水泥试验报告填写范例

水泥试验报告填写范例见表5.31。

表5.31 水泥试验报告

编　　号：×××
试验编号：×××
委托编号：×××

工程名称	××工程		试样编号		×××	
委托单位	××建筑工程公司		试验委托人		×××	
品种及强度等级	P.S32.5	出厂编号及日期	2010-09-24	厂别牌号	×××	
代表数量/t	300	来样日期	2010-09-25	试验日期	2010-09-25	

试验结果	细度	80 μm方孔筛余量/%					
		比表面积/(m³·kg⁻¹)					
	标准稠度用水量/P	25.4%					
	凝结时间	初凝	03 h 40 min	终凝			
	安定性	雷氏法/mm		饼法			
	其他	—	—		—		
	强度/MPa	抗折强度			抗压强度		
		3 d		28 d		3 d		28 d	
		单块值	平均值	单块值	平均值	单块值	平均值	单块值	平均值
		4.5	4.4	8.7	8.7	23.3	23.5	52.4	53.4
						23.7		53.3	
		4.5		8.8		23.2		52.7	
						24.3		53.8	
		4.5		8.7		23.8		53.3	
						22.9		53.2	

结论：

依据《通用硅酸盐水泥》(GB 175—2007)标准，符合热扎带肋P.S32.5水泥强度要求，安全性合格，凝结时间合格

批准	×××	审核	×××	试验	×××
试验单位	××建筑公司试验室				
报告日期	2010-10-03				

注：本表由试验单位提供，建设单位、施工单位、城建档案馆各保存一份。

◆砂试验报告填写范例

砂试验报告填写范例见表5.32。

表5.32 砂试验报告

编　号：×××
试验编号：×××
委托编号：×××

工程名称		××工程	试样编号	×××	
委托单位		×××公司	试验委托人	×××	
种类		中砂	产地	×××	
代表数量/t		500	来样日期	2010-08-13	试验日期	2010-08-13

试验结果	筛分析	细度模数/μ_f	2.7
		级配区域/区	Ⅱ
	含泥量/%		2.4
	泥块含量/%		0.4
	表观密度/(kg·m^{-3})		—
	堆积密度/(kg·m^{-3})		1 460
	碱活性指标		—
	其他		含水率/有机质含量/云母含量/碱活性/孔隙率/坚固性/轻物质含量/氯离子含量/紧密密度

结论：

依据《普通混凝土用砂、石质量及检验方法标准(附条文说明)》(JGJ 52—2006)标准,含泥量合格,泥块含量合格,属Ⅱ区中砂

批准	×××	审核	×××	试验	×××
试验单位	××建筑工程公司实验室				
报告日期	2010-08-14				

注：本表由试验单位提供,建设单位、施工单位、城建档案馆各保存一份。

◆碎(卵)石试验报告填写范例

碎(卵)石试验报告填写范例见表 5.33。

表 5.33 碎(卵)石试验报告

编　　号：×××
试验编号：×××
委托编号：×××

工程名称		××工程	试样编号		×××
委托单位		××建筑工程公司	试验委托人		×××
种类、产地		卵石×××	公称粒径/mm		5~10
代表数量/t		500	来样日期	2010-08-14	试验日期	2010-08-14
试验结果	筛分析	级配情况	☑连续粒级　□单粒级
		级配结果	符合5~10卵石连续级配
		最大粒径/mm	10.0
	含泥量/%		0.6
	泥块含量/%		0.2
	针、片状颗粒含量/%		0
	压碎指示值/%		0
	表观密度/(kg·m⁻³)		—
	堆积密度/(kg·m⁻³)		—
	碱活性指标		—
	其他		含水率/氯离子含量/孔隙率/坚固性/有机质含量/抗压强度试验/轻物质含量

结论：
依据《普通混凝土用砂、石质量及检验方法标准(附条文说明)》(JGJ 52—2006)标准,含泥量合格,泥块含量合格,针片状含量合格,符合5~10 mm卵石连续级配,累计筛余0

批准	×××	审核	×××	试验	×××
试验单位			××建筑工程公司实验室		
报告日期			2010-08-14		

注：本表由试验单位提供,建设单位、施工单位、城建档案馆各保存一份。

◆混凝土外加剂试验报告填写范例

混凝土外加剂试验报告填写范例见表 5.34。

表 5.34 混凝土外加剂试验报告

编　　号：×××
试验编号：×××
委托编号：×××

工程名称		××工程		试样编号		×××	
委托单位		×××		试验委托人		×××	
产品名称		缓凝减水剂	生产厂	××厂		生产日期	2010-09-14
代表数量/kg		40	来样日期	2010-12-19		试验日期	2010-12-20
试验项目				必试项目			
试验结果	试验项目			试验结果			
	钢筋锈蚀			无锈蚀作用			
	凝结时间差/min			初凝168,终凝25			
	28 d 抗压强度比/%			115			
	减水率/%			21.5			

结论：
依据《混凝土外加剂》(GB 8076—2008)标准，所检项目达到合格品指标要求，对钢筋无锈蚀

批准	×××	审核	×××	试验	×××
试验单位		××建筑工程公司实验室			
报告日期		2010-01-04			

◆混凝土掺和料试验报告填写范例

混凝土掺和料试验报告填写范例见表5.35。

表5.35 混凝土掺和料试验报告

编 号：×××
试验编号：×××
委托编号：×××

工程名称		××工程		试样编号		×××	
委托单位		×××		试验委托人		×××	
掺和料种类		粉煤灰	等级		Ⅱ级	产地	××-热电厂
代表数量/t		250	来样日期		2010-04-03	试验日期	2010-04-03
试验结果	细度		0.045 mm方孔筛筛余/%			17.2	
			80 μm方孔筛筛余/%			—	
	需水量比					—	
	吸氨值/%					97	
	28 d水泥胶砂抗压强度比					—	
	烧失量/%					131	
	其他					—	

结论：
依据《用于水泥和混凝土中的粉煤灰》(GB/T 1596—2005)标准，符合Ⅱ级粉煤灰要求

批准	×××	审核	×××	试验	×××
试验单位		××建筑工程公司实验室			
报告日期		2010-04-20			

◆防水涂料试验报告填写范例

防水涂料试验报告填写范例见表5.36。

表5.36 防水涂料试验报告

编　　号：×××
试验编号：×××
委托编号：×××

工程名称		××工程			试样编号		×××	
委托单位		××建筑工程公司			试验委托人		×××	
种类、型号		聚氨酯防水涂料1:1.5			生产厂		××防水材料场	
代表数量/kg		350	来样日期		2010-04-04	试验日期		2010-04-04
试验结果	延伸性/m	—						
	拉伸强度/MPa	3.81						
	断裂伸长率/%	552						
	黏结性/MPa	0.7						
	耐热度	温度/℃	110		评定		合格	
	不透水性	1.压力0.3 MPa;2.恒压时间30 min;不透水,合格						
	柔韧性(低温)	温度/℃	-30		评定		2 h无裂纹,合格	
	固体含量/%	95.3						
	其他	有见证试验						

结论：

依据《聚氨酯防水涂料》(GB/T 19250—2003)标准,符合聚氨酯防水涂料合格品要求

批准	×××	审核	×××	试验	×××
试验单位		××建筑工程公司实验室			
报告日期		2010-04-29			

◆防水卷材试验报告填写范例

防水卷材试验报告填写范例见表 5.37。

表 5.37 防水卷材试验报告

编　　号：×××
试验编号：×××
委托编号：×××

工程名称		××工程	试样编号	×××
委托单位		××建筑工程公司	试验委托人	×××
种类、型号		弹性体沥青防水卷材	生产厂家	××防水材料有限公司
代表数量		300 卷	来样日期	2010-04-07	试验日期	2010-04-07
试验结果	延伸性/mm			
	拉伸强度/MPa			
	断裂伸长率/%	9.5		
	黏结性/MPa			
	耐热度	温度/℃		评定	
	不透水性	1. 压力 0.2 MPa；2. 恒压时间 30 min；3. 评定合格			
	柔韧性(低温)	温度/℃		评定	
	固体含量/%			
	其他	有见证试验			

结论：
依据《弹性体改性沥青防水卷材》(GB 18242—2008)标准，符合 I 类复合胎弹性体沥青防水卷材质量标准

批准	×××	审核	×××	试验	×××
试验单位	××建筑工程公司实验室				
报告日期	2010-04-10				

◆砖(砌块)试验报告填写范例

砖(砌块)试验报告填写范例见表5.38。

表5.38 砖与砌块试验报告

编　　号：×××
试验编号：×××
委托编号：×××

工程名称		××工程			试样编号		×××	
委托单位		××建筑工程公司			试验委托人		×××	
种类		轻集料混凝土小型空心砌块			生产厂家		××砌块厂	
强度等级		MU10		密度等级		/	代表数量/万	10 000万
试件处理日期		2010-01-05		来样日期	2010-01-03		试验日期	2010-01-06
试验结果	烧结普通砖							
	抗压强度平均值f/MPa		变异系数$\delta \leqslant 0.21$ 强度标准值f_k/MPa			变异系数$\delta > 0.21$ 单块最小强度f_k/MPa		
	轻集料混凝土小型空心砌块							
		砌块抗压强度/MPa				砌块干燥静观密度/(kg·m^{-3})		
		平均值		最小值				
		14.3		9.45		/		
	其他种类							
		抗压强度/MPa				抗折强度/MPa		
	平均值	最小值	大面		条面		平均值	最小值
			平均值	最小值	平均值	最小值		

结论：
依据《混凝土小型空心砌块试验方法》(GB/T 4111—1997)标准,符合MU10小型空心砌块抗压强度要求

批准	×××	审核	×××	试验	×××
试验单位		××建筑工程公司试验室			
报告日期		2010-01-06			

注：本表由试验单位提供,建设单位、施工单位、城建档案馆各保存一份。

◆轻集料试验报告填写范例

轻集料试验报告填写范例见表5.39。

表5.39 轻集料试验报告

编　　号：×××
试验编号：×××
委托编号：×××

工程名称		××工程		试样编号		×××	
委托单位		××建筑工程公司		试验委托人		×××	
种类		黏土陶粒		密度等级	/	产　地	河北
代表数量/m³		50		来样日期	2010年9月1日	试验日期	2010年9月4日
试验结果	筛分析	密度模数(细骨粒)			/		
		最大粒径(粗骨粒)/mm			21		
		级配情况			☑连续粒级　□单粒级		
	表观密度/(kg·m⁻³)				1 189		
	堆积密度/(kg·m⁻³)				677		
	筒压强度/MPa				5.2		
	吸水率(1 h)/%				4.1		
	粒型系数				/		
	其他				含泥量:0.3%　空隙率44%		

结论：
　　依据《轻集料及其试验方法第2部分:轻集料试验方法》(GB/T 17431.2—1998)标准,该黏土陶粒符合轻集料质量标准

批准	×××	审核	×××	试验	×××
试验单位		××建筑工程公司试验室			
报告日期		2010年9月7日			

注：本表由试验单位提供,建设单位、施工单位、城建档案馆各保存一份。

第6章 建筑工程施工记录

6.1 隐蔽工程检查记录

【基 础】

◆ **隐蔽工程检查记录表格**

隐蔽工程检查记录表格见表6.1。

表6.1 隐蔽工程检查记录

编号：_____

工程名称			
隐检项目		隐检日期	
隐检部位			

隐检依据：施工图图号_____，设计变更/洽商（编号×××）及有关国家现行标准等

主要材料名称及规格/型号：_____

检查内容：

隐检内容已做完，请予以检查

申报人：×××

续表6.1

检查意见：

检查结论：□同意隐蔽　　　□不同意，修改后进行复查

复查结论：

复查人：

签字栏	建设(监理)单位	施工单位		××建筑工程公司
		专业技术负责人	专业质检员	专业工长
	×××	×××	×××	×××

注：本表由建设单位、监理单位、施工单位、城建档案馆各保存一份。

◆隐蔽工程检查记录填表说明

（1）附件收集，该隐蔽工程部位所涉及的施工试验报告等。

（2）资料流程。由施工单位填写后随各相应检验批进入资料流程，无对应检验批的直接报送监理单位审批后各相关单位存档。

（3）相关规定与要求。

1）工程名称、隐检项目、隐检部位及日期必须填写准确。

2）隐检依据、主要材料名称及规格型号应准确，尤其对设计变更、洽商等容易遗漏的资料应填写完全。

3）隐检内容应填写规范，必须符合各种规程规范的要求。

4）签字应完整，严禁他人代签。

（4）注意事项。

1）审核意见应明确，将隐检内容是否符合要求表述清楚。

2）复查结论主要是针对上一次隐检出现的问题进行复查，因此要对质量问题整改的结果描述清楚。

（5）隐蔽工程检查记录。由施工单位填报，建设单位、施工单位、城建档案馆各保存一份。

◆地基基础工程及主体结构工程隐检

地基、基础、主体结构的强度、刚度及稳定性是工程质量的重要技术指标，对其实施检验和抽样检测是确保建筑结构安全的重要措施。

(1) 资料核查的一般要求。地基与基础或主体结构分部(子分部)工程完成后(或分段完成以后),在隐蔽(回填或装饰)之前,施工单位,建设、设计和监理单位共同检查和验收。必须全面宏观地检查这些结构主要部位的各检验批、分项工程,有没有不符合主控项目中规定的内容,如混凝土、砂浆强度试验报告及统计汇总,以及关系到结构性能的材质证明、焊接试验、出厂合格证、试验报告和隐蔽工程记录,是否记录完善且符合要求,具体情况如下。

1) 加固、补强及签证等内容,还需有试验报告、复查情况及结论,并有附图说明。

2) 达不到合格标准的项目及其他不应出现的变形或损伤等情况。

3) 在结构检验、检测中,如有需要处理的,对其处理操作,需做出处理意见、处理结果及复验记录和结论等。

(2) 应有的主要文件资料。

1) 地基土的承载力、干土质量密度和桩基荷载试验。

2) 原材料出厂合格证和见证试验报告单;构件出厂合格证和结构性能检测报告。

3) 施工试验记录:如混凝土试件、砂浆试块及金属焊接试件,见证检验报告、钢结构探伤试件和见证试验,及制作、安装、螺栓连接、涂料等记录。

4) 隐蔽工程验收记录、隐蔽部分的测试与试验文件。

5) 检验批、分项、分部(子分部)工程质量验收记录和质量管理体系检查记录。

6) 建设、监理、勘察、设计、施工单位分别签署的质量合格文件等。

7) 地基、基础、主体结构检验结束之后,应由参加单位共同签字认证,未经检验和检测的,不得进行下道工序,隐蔽工程亦不许隐蔽。

(3) 检验技术要点。根据国家现行《建筑工程施工质量验收统一标准》(GB 50300—2001)及相关专业验收规范的规定。地基与基础、主体结构检验和抽样检测结果,需符合相关专业质量验收规范的规定。

1) 检验内容,主要包括地基与基础、混凝土结构、砌体结构、钢结构等分部(子分部)工程,凡涉及施工质量和安全,或引用了《建设工程标准强制性条文》中的有关条文,均应加强结构安全验收手段。

2) 结构安全检验是从提高建筑工程质量水平角度考虑的,故应采用科学先进的检测方法,以数据为依据,强化检测手段,确保建筑物结构安全可靠。

3) 对地质资料的评估和主体结构的检测,是对主体结构质量保证的条件。检测结果须达到设计要求和相关施工质量验收的规定。

4) 涉及安全和使用功能的分部工程,均要进行检验资料的复查。不仅要全面检查其完整性(不得有漏检缺项),还要对补充进行的见证抽样检验报告进行复核。这种强化检验手段体现了对安全和主要使用功能的重视。

◆装饰装修工程隐检

对建筑装饰装修工程质量的控制,就是为了确保技术标准和合同规定的质量标准。对其实施检验和抽样检测是确保建筑装饰装修工程质量安全的重要措施。

(1) 资料核查的一般要求。

抹灰工程。抹灰层特殊处理情况,不同材料抹灰层间的防开裂措施。

门窗工程。预埋件和锚固件的数量、位置、埋设方式,隐蔽部位的防腐、嵌填材料及处理等。

吊顶工程。吊杆、龙骨的材质、规格、安装间距和连接方式、防腐、防火处理情况等,填充吸声材料的品种及铺设厚度等。

隔墙工程。骨架隔墙中设备管线的安装和水管试压、木龙骨防腐、防潮处理,预埋件和拉结筋、龙骨安装,填充材料的设置。

饰面板(砖)工程。预埋件(或后置埋件)、连接节点的数量、规格、位置、连接方法、防腐处理,防水层。

幕墙工程。预埋件(或后置埋件)、构件的连接节点、变形缝、墙面转角处的构造节点、幕墙防雷装置、幕墙防火构造等。

其他细部工程。预埋件(或后置埋件)、护栏与预埋件的连接节点。

(2)应有的主要文件。

1)工程质量控制资料——验收资料。

①建筑装饰装修分部工程质量控制资料核查记录。
②建筑装饰装修分部工程安全、功能检验资料核查及主要功能抽查记录。
③建筑装饰装修分部工程质量验收记录。
④幕墙子分部工程质量验收登记表。

2)工程质量控制资料——施工技术管理资料。

①装饰装修分部工程开工申请报告。
②分部工程施工方案。
③幕墙计算书。
④设计图纸会审、变更、洽商记录。
⑤分项工程质量技术交底卡。
⑥幕墙子分部工程质量验收申请表。
⑦新技术、新材料、新工艺推广及应用。
⑧幕墙子分部工程施工小结。

3)工程质量控制资料——产品质量证明文件

①建筑装饰装修材料汇总表及产品质量证明文件。
②水泥汇总表、进场物理性能检验报告及产品质量证明书。
③砂汇总表及进场物理性能检验报告。
④铝合金材料检验报告、产品质量证明书。
⑤建筑密封材料产品质量证明书。
⑥结构、耐候硅酮密封胶检验报告、产品质量证明书。
⑦建筑门窗五金配件检测报告。
⑧建筑玻璃产品质量检测报告。
⑨建筑材料导热系数检测报告。

4)工程质量控制资料——检验报告

①砂浆配合比设计报告。
②砂浆试件抗压强度检验结果汇总表。
③砂浆强度计算表。
④砂浆试件抗压强度检验报告。
⑤膨胀螺栓抗拔力检验报告。

5) 工程质量控制资料——施工记录
①建筑装饰装修分部(子分部)工程防水验收记录。
②土建隐蔽工程质量验收记录。
③幕墙防雷接地电阻测试记录。
④玻璃幕墙结构胶黏结剥离试验记录。
⑤密封胶、密封材料和衬垫材料检查验收记录。
⑥注胶记录。
6) 工程质量控制资料——检测报告
①建筑用材料外窗角强度检测报告。
②建筑外窗进场力学性能检测报告。
③外墙饰面砖黏结强度检测报告。
④建筑装饰装修材料有害物质含量检验报告。
⑤建筑用硅酮结构密封胶与接触材料相容性能检测报告。
7) 工程安全和功能检验资料及主要功能抽查记录
①厕所、厨房、阳台等有防水要求的地面蓄水检验记录。
②建筑外窗气密性能、水密性能、抗风压性能检测报告。
③室内环境检测报告。
8) 分项工程质量验收记录,检验批质量验收记录。

◆建筑屋面工程隐检

(1)资料核查的一般要求。屋面工程隐蔽检查验收的项目和主要内容包括基层处理,保温层、找平层质量,防水层、黏结层、隔离层数量、厚度及表面质量,卷材、涂膜防水层的搭接宽度和附加层、止水带、止水环等配件的位置,天沟、檐沟、檐口、水落口、泛水、变形缝、施工缝和伸出屋面管道等防水构造的做法。

(2)应有的主要文件。
1) 工程图纸及设计变更文件。
2) 原材料出厂合格证、质量检验报告和进场复验报告。
3) 施工方案及技术交底记录。
4) 隐蔽工程验收记录。
5) 施工检验记录。
5) 淋水或蓄水检验记录。
7) 各检验批验收记录。
8) 其他必要的文件和记录。

(3)检查技术要点。屋面工程必须进行渗水、漏水等试水检查。
《屋面工程质量验收规范》(GB 50207—2002)规定。
1) 屋面工程完工后,应按规范的有关规定对细部构造、接缝、保护层等进行外观检查,并进行淋水或蓄水检验。
2) 卷材防水层、涂膜防水层、细石混凝土防水层不得有渗漏或积水现象。
检验方法:雨后或淋水、蓄水检验。
3) 瓦屋面、油毡瓦屋面泛水做法需符合设计要求,顺直整齐,结合严密、无渗漏。

检验方法:观察检查和雨后或淋水检验。

4)金属板材的连接和密封处理必须符合设计要求,不得有渗漏现象。

检验方法:观察检查和雨后或淋水检验。

5)蓄水屋面、种植屋面防水层施工必须符合设计要求,不得有渗漏现象。

检验方法:蓄水至规定高度观察检查。

6)检查屋面有无渗漏、积水和排水系统是否畅通,应在雨后或持续淋水 2 h 后进行。有要进行蓄水检验的屋面,其蓄水时间不应少于 2 h。(分部工程验收)

【实　务】

◆回填土隐蔽工程检查验收记录填写范例

回填土隐蔽工程检查验收记录范例见表 6.2。

表 6.2　回填土隐蔽工程检查记录

编号:×××

工程名称	××综合楼工程		
隐检项目	回填土隐蔽工程	隐检日期	2010 年 4 月 7 日
隐检部位	基础		

隐检依据:施工图图号结施2、结施3,设计变更/洽商(编号×××)及有关国家现行标准等

主要材料名称及规格/型号:＿＿＿＿＿＿＿＿＿＿

检查内容:

1. 按结施2、结施3图施工

2. 回填土施工前基础被埋部分均做隐蔽,见隐蔽检查验收记录

3. 回填土采用粉质黏土,无垃圾树根等杂物,分层机械夯填,分层厚度为每层233毫米,每层均采用环刀取样,土干密度见报告单

隐检内容已做完,请予以检查

申报人:×××

检查意见:

符合设计及规范规定

检查结论:☑同意隐蔽　　□不同意,修改后进行复查

复查结论:

复查人:

签字栏	建设(监理)单位	施工单位		
		××建筑工程公司		
		专业技术负责人	专业质检员	专业工长
	×××	×××	×××	×××

注:本表由建设单位、监理单位、施工单位、城建档案馆各保存一份。

◆砖砌体隐蔽工程检查验收记录填写范例

砖砌体隐蔽工程检查验收记录见表6.3。

表6.3 砖砌体隐蔽工程检查记录

编号：×××

工程名称	××综合楼工程		
隐检项目	砖砌体隐蔽工程	隐检日期	2010年7月8日
隐检部位	基础砖		

隐检依据：施工图图号建施0407L01XAX002图，设计变更/洽商（编号×××）及有关国家现行标准等

主要材料名称及规格/型号：MU10红砖、M5水泥砂浆砌筑，水泥为锦塔M22.5，沙子为四方台河沙

检查内容：

1. 按建施0407L01XAX002图施工。无设计变更
2. 材料采用MU10红砖、M5水泥砂浆砌筑。水泥为锦塔M22.5，沙子为四方台河沙。水泥有出厂合格证。所有原材料经过复试合格后使用
3. 墙体与构造柱砌成先退后进"马牙槎"，并沿墙高每隔500 mm设置一道2ϕ6.5拉结筋，每边伸入墙内1米。构造柱先砌墙后浇注
4. 墙体咬槎砌筑，并在转角及T字接头、十字连接部位沿墙高每隔500 mm设置2ϕ6.5拉结筋（370墙设3ϕ6.5拉结筋）
5. 施工洞顶部设置钢筋砼过梁，留阳槎并加设拉结筋。ϕ6.5钢筋强度见报告单
6. 现场按要求留置试块，强度见报告单

隐检内容已做完，请予以检查。

申报人：×××

检查意见：

符合设计及规范规定

检查结论：☑同意隐蔽　　□不同意，修改后进行复查

复查结论：

复查人：

签字栏	建设（监理）单位	施工单位 ××建筑工程公司		
		专业技术负责人	专业质检员	专业工长
	×××	×××	×××	×××

注：本表由建设单位、监理单位、施工单位、城建档案馆各保存一份。

6.2 预检记录

【基　　础】

◆ **预检**

预检是在自检的基础上由质量检查员专业工长对其分项工程进行把关检查,把工作中的偏差检查记录下来,并加以认真解决。预检是防止质量事故发生的有效途径。预检合格方可进入下道工序。

◆ **预检程序及依据**

需预检的分项工程项目完成后,班组填写自检表格,专业工长核定后填写预检工程检查记录单,项目技术负责人组织,由监理、质量检查员、专业工长及班组长参加验收(其中建筑物位置线、标准水准点、标准轴线桩由上级单位组织)。未预检或预检未达到合格标准的不得进入下道工序。

◆ **预检记录表格**

预检记录具体表式见表6.4。

表6.4　预检记录具体表式

编号：_____

工程名称		预检项目	
预检部位		检查日期	

依据：施工图纸(施工图纸号_____)、设计变更/洽商(编号×××)和有关规范、规程

主要材料名称及规格/型号：_____

规格/型号：_____

预检内容：

检查意见：

复查意见：

复查人：　　　　　　　　　　　　　　　　　　　　　　　复查日期：

施工单位		
专业技术负责人	专业质检员	专业工长

注：本表由施工单位填写并保存。

◆ 预检记录填表说明

(1) 依据标准表格进行填写,要求填写齐全、字迹工整。

(2) 预检记录填写应及时、真实,反映工程实际情况。

(3) 预检记录编号依据企业对应与质量记录管理工作程序进行编写,依据文件和资料控制工作程序进行管理。

(4) "施工队"一栏中应填写项目及施工单位名称,以便追溯。

(5) "工程名称"与图纸图签中一致。

(6) 在"预检内容"一栏中必须将该预检部位的施工依据填写清楚、齐全、简明。

(7) 在预检中一次验收未通过,应写明不合格内容,并在"复查意见"一栏中注明二次检查意见;在复查中仍出现不合格项,则按不合格品的控制工作程序进行处置。

(8) 各种填写日期必须注明年、月、日。

(9) 预检记录中有关测量放线和构件安装(主要指阳台、楼梯、楼板等)的测量记录及附图作为预检记录的附件归档,其附件的纸张规格应与预检表一样。

◆ 检查要点

(1) 模板。检查几何尺寸、轴线、标高、预埋件及预留孔位置、模板牢固性、接缝严密性、起拱情况、清扫口留置、模内清理、脱模剂涂刷、止水要求等;节点做法,放样检查。

(2) 设备基础和预制构件安装。检查设备基础位置、混凝土强度、标高、几何尺寸、预留孔、预埋件等。

(3) 地上混凝土结构施工缝。检查留置方法、位置、接槎处理等。

(4) 管道预留孔洞。检查预留孔洞的尺寸、位置、标高等。

(5) 管道预埋套管(预埋件)。检查预埋套管(预埋件)的规格、形式、尺寸、位置、标高等。

(6) 机电各系统的明装管道(包括进入吊顶内)、设备安装、检查位置、标高、坡度、材质、防腐、接口方式、支架形式、固定方式等。

(7) 电气明配管(包括进入吊顶内)。检查导管的品种、规格、位置、连接、弯扁度、弯曲半径、跨接地线、焊接质量、固定、防腐、外观处理等。

(8) 明装线槽、桥架、母线(包括能进入吊顶内),检查材料的品种、规格、位置、连接、接地、防腐、固定方法、固定间距等。

(9) 明装等电位连接。检查连接导线的品种、规格、连接配件、连接方法等。

(10) 屋顶明装避雷带。检查材料的品种、规格、连接方法、焊接质量、固定、防腐情况等。

(11) 变配电装置。检查配电箱、柜基础槽钢的规格、安装位置、水平与垂直度、接地的连接质量;配电箱、柜的水平与垂直度;高低压电源进出口方向、电缆位置等。

(12) 机电表面器具(包括开关、插座、灯具、风口、卫生器具等),检查位置、标高、规格、型号、外观效果等。

(13) 依据现行施工规范,对于其他涉及工程结构安全,实体质量及建筑观感,需做质量预控的重要工序,应填写预检记录。

【实　务】

◆预检记录填写范例

预检记录填写范例见表6.5。

表6.5　预检记录

编号：×××

工程名称	××工程	预检项目	模板
预检部位	二层墙体 18~20/D~F 轴	检查日期	2010年9月18日

依据：施工图纸（施工图纸号　结施2、结施3　），设计变更/洽商（编号×××）和有关规范、规程
主要材料名称及规格/型号：　大型钢模板
规格/型号：　×××

预检内容：
1. 墙体模板已清理干净，脱模剂涂刷均匀，杂物清理干净
2. 墙体厚度为180 mm，已用卡子顶好
3. 模板垂直度已测量完成，符合规范要求
4. 模板下口已用砂浆堵死

检查意见：
　　经检查：模板清理干净，模板几何尺寸。脱模剂涂刷均匀无遗漏，擦拭光亮，模内清理干净；按模板方案支模，支撑系统具有足够的承载能力、刚度和稳定性；符合《混凝土结构工程施工质量验收规范》(GB 50204—2002)的规定，可进行下道工序施工

复查意见：

复查人：　　　　　　　　　　　　　　　　　　　　　　　　复查日期：

施工单位	××建设有限公司	
专业技术负责人	专业质检员	专业工长
×××	×××	×××

注：本表由施工单位填写并保存。

6.3 施工检查记录

【基　　础】

◆**施工检查记录表格**

施工检查记录具体表式见表6.6。

表6.6　施工检查记录

编号:_____

工程名称		预检项目	
预检部位		检查日期	

检查依据:

检查内容:

检查意见:

复查意见:

复查人:　　　　　　　　　　　　　　　复查日期:

施工单位		
专业技术负责人	专业质检员	专业工长

注:本表由施工单位填写并保存。

◆**施工检查记录填表说明**

(1)附件收集附相关图表、图片、照片及说明文件等。

(2)资料流程由施工单位填写并保存。

(3)相关规定与要求按照现行规范要求应进行施工检查的重要工序,且无与其相适应的施工记录表格的施工检查记录(通用)适用于各专业。

(4)注意事项对隐蔽检查记录和预检记录不适用的其他重要工序,应按照现行规范要求进行施工质量检查,填写施工检查记录(通用)。

【实 务】

◆施工检查记录填写范例

施工检查记录填写范例见表6.7。

表6.7 施工检查记录

编号:×××

工程名称	××幼儿园	预检项目	砌筑
预检部位	三层1~12/A~P轴墙体	检查日期	2010年7月4日

检查依据:
1. 施工图纸建-1,建-5
2.《砌体工程施工质量验收规范》(GB 50203—2002)

检查内容:
1. 瓦工班15人砌筑1~12/A~P轴填充墙,并于当日全部完成
2. 质检员检查时发现一处填充墙砌筑不合格(1/B~C轴卧室)并责令瓦工班进行返工处理
3. 试验员制作两组砌筑砂浆试块,强度等级M7.5

检查结论:
经检查:1/B~C轴卧室处填充墙返工重新砌筑,检查内容已经整改完成,符合设计及《砌体工程施工质量验收规范》(GB 50203—2002)规定

复查意见:

复查人: 复查日期:

施工单位	××建设有限公司	
专业技术负责人	专业质检员	专业工长
×××	×××	×××

注:本表由施工单位填写并保存。

6.4 交接检查记录

【基 础】

◆ **交接检查记录表格**

交接检查记录具体表式见表6.8。

表6.8 交接检查记录

编号：_____

工程名称			
移交单位名称		接收单位名称	
交接部位		检查日期	

交接内容：

检查结果：

复查意见：

复查人：　　　　　　　　　　　　　　复查日期：

见证单位意见：

见证单位名称			
签字栏	移交单位	接收单位	见证单位

注：1. 本表由移交、接受和见证单位各保存一份。
　　2. 见证单位应根据实际检查情况，并汇总移交和接收单位意见形成见证单位意见。

◆ **交接检查记录填表说明**

（1）资料流程由施工单位填写，移交、接受和见证单位各存一份。

（2）相关规定与要求分项（分部）工程完成，在不同专业施工单位之间应进行工程交接和专业交接检查，填写交接检查记录。移交单位、接收单位和见证单位共同对移交工程进行验收，并对质量情况、遗留问题、工序要求、注意事项、成品保护、注意事项等进行记录，填写交接检查记录。

（3）注意事项"见证单位"栏内应填写施工总承包单位质量技术部门，参与移交及接受的部门不得作为见证单位。

（4）其他见证单位应根据实际检查情况，汇总移交和接收单位意见形成见证单位意见。

【实　务】

◆交接检查记录填写范例

交接检查记录范例见表6.9。

表6.9　交接检查记录范例

编号：×××

工程名称	××大学科技综合楼		
移交单位名称	××工程公司	接收单位名称	××工程公司
交接部位	设备基础	检查日期	2010年5月7日

交接内容：
　　按《建筑给水排水及采暖工程施工质量验收规范》（GB 50242—2002）第4.4.1条、第13.2.1条和《通风与空调工程施工质量验收规范》（GB 50243—2002）第7.1.4条规定及施工图纸××要求，设备就位前对其基础进行验收
内容包括：混凝土强度等级（C25）、坐标、标高、几何尺寸及螺栓孔位置等

检查结果：
　　经检查：设备基础混凝土强度等级达到设计强度等的132%，坐标、标高、螺栓孔位置准确，几何尺寸偏差最大值－1mm，符合设计和《建筑给水排水及采暖工程施工质量验收规范》（GB 50242—2002）、《通风与空调工程施工质量验收规范》（GB 50243—2002）要求，验收合格，同意进行设备安装

复查意见：

复查人：　　　　　　　　　　　　　复查日期：

见证单位意见：
　　符合设计及《建筑给水排水及采暖工程施工质量验收规范》（GB 50242—2002）、《通风与空调工程施工质量验收规范》（GB 50243—2002）要求，同意交接

	见证单位名称	××工程公司××工程项目质量部	
签字栏	移交单位	接收单位	见证单位
	×××		×××

注：1. 本表由移交、接受和见证单位各保存一份。
　　2. 见证单位应根据实际检查情况，并汇总移交和接收单位意见形成见证单位意见。

6.5 地基基础检查记录

【基　　础】

◆ **地基处理记录**

地基处理记录见表6.10。

表6.10　地基处理记录

编号：＿＿＿＿＿＿

工程名称		日期	

处理依据及方式：

处理部位及深度或用简图表示

□有/□无　附页（图）

处理结果：

检查意见：

检查日期：

签字栏	监理单位	设计单位	勘察单位	施工单位		
				专业技术负责人	专业质检员	专业工长

注：本表由施工单位填写，建设单位、城建档案馆各保存一份。

◆ **地基处理填表说明**

（1）附件收集相关设计图纸、设计变更洽商及地质勘察报告等。

（2）资料流程由总包单位填报，经各相关单位转签后存档。

（3）相关规定与要求地基需处理时，应由勘察、设计部门提出处理意见，施工单位应依据勘察、设计单位提出的处理意见进行地基处理。完工后填写地基处理记录，内容包括地基处理方式、处理部位、深度及处理结果等，地基处理完成后，应报请勘察、设计、监理部门复验查。

（4）注意事项当地基处理范围较大、内容较多、用文字描述较困难时，应附简图示意；如勘察、设计单位委托监理单位进行复查时，应有书面的委托记录。

（5）地基处理记录由施工单位填写，建设单位、施工单位、城建档案馆各保存一份。

◆地基验槽检查记录

地基验槽检查记录见表6.11。

表6.11 地基验槽检查记录

编号：_____

工程名称		验槽日期	
验槽部位			

验槽内容：
  1.基槽开挖至勘探报告_____层,持力层为_____层
  2.基底绝对高程和相对标高_____m,_____m
  3.土质情况_____
  (附:□钎探记录及钎探点平面布置图)
  4.桩位置___/___、桩类型___/___、数量___/___、承载力满足设计要求
  (附:□施工记录、□桩检测记录)

注:若建筑工程无桩基或人工支护,则相应在第4条填写处划"/"

申报人:×××

检查意见:

检查结论:□无异常,可进行下道工序　　□需要地基处理

复查意见:

	复查人:			复查日期:	
签字公章栏	建设单位	监理单位	设计单位	勘察单位	施工单位

注:本表由施工单位填写,建设单位、城建档案馆各保存一份。

◆地基验槽记录应记录的内容

(1)地基土质是否与地质勘察报告记载相符,是否已控制到老土,是否搅动。
(2)是否局部土质坚硬、松软及含水量异常的现象,是否需下挖或处理。
(3)基槽实际开挖尺寸、标高、排水、护壁、不良基土(流沙、橡皮土)处理情况。
(4)遇有井、坑及旧电缆、管道及房屋基础等的数量、位置及处理情况。
(5)回填土的土质名称、坑(槽)底积水和杂物清除情况、回填土含水量、分层夯实情况及回填顺序等,均填写在记录中。
(6)若存在地基处理,注明洽商编号,并填写复查意见。
(7)地基验槽内容中应在基槽标高断面图上方注明该工程的地质勘探报告编号。

◆地基钎探记录

地基钎探记录见表6.12。

表6.12　地基钎探记录

施工单位				工程名称		
套锤重		自由落距		钎径		钎探日期
顺序号	各步锤数					备注
	cm 0~30	cm 30~60	cm 60~90	cm 90~120	cm 120~150	
	工长		质量检查员		钎探负责人	

◆地基钎探记录说明

(1)轻便触探　轻便触探试验设备主要由尖锥头、触探杆、穿心锤三部分组成。触探杆系用直径25 mm的金属管,每根长1.0~1.5 m,或用直径为25 mm的光圆钢筋每根长2.2 m,穿心锤重10 kg。

试验时,穿心锤落距为0.5 m,使其自由下落,将触探杆竖直打入土层中,每打入土层0.3 m的锤击数为N10。

(2)钎探记录表。表6.12中,施工单位、工程名称要写具体,锤重、自由落距、钎径、钎探日期要依据现场情况填写,工长、质量检查员、打钎负责人的签字要齐全。

钎探记录表中各步锤数应为现场实际打钎各步锤击数的记录,每一钎探点必须钎探五步,1.5 m深。打钎中如有异常情况,要写在备注栏内。

(3)标注与誊写。验槽时应先看钎探记录表,凡锤击数较少点,与周围差异较大点应标注在钎探记录表上,验槽时对该部位应进行重点检查。

钎探记录表原则上应用原始记录表,污损严重的可以重新抄写,但原始记录仍要原样保存好,誊写的记录数据、文字应与原件一致,并要注明原件保存处及有抄件人签字。

地基钎探记录作为一项重要的技术资料,一定要保存完整,不得遗失。

【实　务】

◆地基处理记录填写范例

地基处理记录填写范例见表6.13。

表6.13　地基处理记录

编号:×××

工程名称	××工程	日期	2010年9月24日

处理依据及方式:

　　处理依据:1.《建筑地基基础工程施工质量验收规范》(GB 50202—2002);2.《建筑地基处理技术规范》(JGJ 79—2002);3.施工图纸;4.本工程《地基基础施工方案》;5.设计变更/洽商(编号××)及钎探记录

　　方式:中粗砂换填法。在④~⑩轴处第⑥轴开始挖除残积土层至进入强风化层≥0.5 m。以台阶式分段向⑨轴方向放坡开挖,其台阶平面长度≥2.0 m。第⑨轴挖至强风化层并进入0.5 m后,用中粗砂分层灌水振实回填,密实度≥92%

处理部位及深度或用简图表示

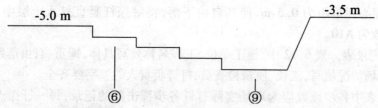

本工程带形基础经基槽开挖验槽发现⑥~⑨/⑧~⑨轴处持力土层为残积土,未达到设计要求的强风化层,该处土层至强风化层标高为-6.50~-5.0 m,处理深度为-5.5~7.0 m

　　□有/☑无　附页(图)

处理结果:

　　该段经大开挖后,以台阶式放坡挖至第⑨轴后,用中粗砂以每层摊铺300 mm厚,并灌水用振动器振实,每 m² 钎插2处检查,每层取样检验,填砂密实度达到95%(详处理方案、钎插检查记录、砂层密实度检测报告)

检查意见:

　　根据开挖后验槽判定、回填砂钎插检查记录、填砂密实度检测报告,该段地基换填处理结果符合设计要求

检查日期:2010年9月24日

签字栏	监理单位	设计单位	勘察单位	施工单位	××建设工程有限公司	
				专业技术负责人	专业质检员	专业工长
	×××	×××	×××	×××	×××	×××

注:本表由施工单位填写,建设单位、城建档案馆各保存一份。

◆地基验槽记录填写范例

地基验槽记录填写范例见表 6.14。

表 6.14 地基验槽检查记录

编号：×××

工程名称	××建筑工程公司	验槽日期	2010 年 5 月 5 日
验槽部位		1~8/A~H 轴基槽	

验槽内容：
1. 基槽开挖至勘探报告 __×__ 层，持力层为 __×__ 层
2. 基底绝对高程和相对标高 __39.17 m__，__-9.2 m__
3. 土质情况 __2 类黏土__ 基底为老土层，均匀密实
   （附：☑钎探记录及钎探点平面布置图）
4. 桩位置 __/__ 、桩类型 __/__ 、数量 __/__ 、承载力满足设计要求
   （附：□施工记录、□桩检测记录）

注：若建筑工程无桩基或人工支护，则相应在第 4 条填写处划"/"

申报人：×××

检查意见：
　　槽底土均匀密实，与地质勘探报告（编号×××）相符，基槽平面位置、几何尺寸、基槽标高、定位检查符合设计要求
地下水情况：槽底在地下水位上 1 米，无坑、穴洞
检查结论：☑无异常，可进行下道工序　　□需要地基处理

复查意见：

复查人：　　　　　　　　　　　　　　　　　　　复查日期：

签字 公章栏	建设单位	监理单位	设计单位	勘察单位	施工单位
	×××	×××	×××	×××	×××

注：本表由施工单位填写，建设单位、城建档案馆各保存一份。

◆地基钎探记录填写范例

地基钎探记录填写范例见表 6.15。

表 6.15 地基钎探记录

施工单位		××建筑工程公司		工程名称		××工程	
套锤重/kg	10	自由落距/cm	50	钎径	φ25	钎探日期	2010年9月20日
顺序号	各步锤数						备注
	cm 0~30	cm 30~60	cm 60~90	cm 90~120	cm 120~150		
1	15	38	71	84	22		
2	15	17	77	56	25		
3	17	45	85	28	15		
4	16	42	42	97	36		
5	19	51	87	39	26		
6	18	69	145	55	49		
7	17	87	165	35	35		
8	16	50	60	33	28		
9	13	40	51	33	24		
10	20	68	72	47	20		
11	22	72	103	88	20		
12	18	65	118	65	27		
13	17	63	115	45	39		
工长		×××		质量检查员	×××	钎探负责人	×××

6.6 混凝土检查记录

【基 础】

◆混凝土浇灌申请书

1. 混凝土浇灌申请书表格
混凝土浇灌申请书见表6.16。

表6.16 混凝土浇灌申请书

编号：×××

工程名称		申请浇灌日期	
申请浇灌部位		申请方量/m³	
技术要求		强度等级	
搅拌方式(搅拌站名称)		申请人	

依据：施工图纸(施工图纸号_____)、设计变更/洽商/(编号 /)和有关规范规程

施工准备检查	专业工长(质量员)签字	备注
1. 隐检情况：□已 □未完成隐检		
2. 预检情况：□已 □未完成预检		
3. 水电预埋情况：□已 □未完成并未经检查		
4. 施工组织情况：□已 □未完备		
5. 机械设备准备情况：□已 □未完备		
6. 保湿及有关准备：□已 □未完备		

审批意见：

审批结论：□同意浇筑 □整改后自行浇筑 □不同意，整改后重新申请

审批人：　　　　　　　　　　　　　　　　　　　审批日期：

施工单位名称：

注：1. 本表由施工单位填报并保存，并交给监理一份备案。
　　2. "技术要求"栏应依据混凝土合同的具体要求填写。

2. 混凝土浇灌申请书填表说明
（1）由施工单位填写并保存，在浇筑混凝土之前报送监理单位备案。

（2）正式浇筑混凝土前，施工单位应检查各项准备工作（如钢筋、模板工程检查；水电预埋检查；材料、设备及其他准备等），自检合格填写《混凝土浇灌申请书》报监理单位后方可浇筑混凝土。

◆ 预拌混凝土运输单

1. 预拌混凝土运输单表格

预拌混凝土运输单见表6.17。

表6.17 预拌混凝土运输单

编号：_____

合同编号			任务单号		
供应单位			生产日期		
工程名称及施工部位					
委托单位		混凝土强度等级		抗渗等级	
混凝土输送方式		其他技术要求			
本车供应方量/m³		要求坍落度/mm		实测坍落度/mm	
配合比编号		配合比比例			
运距/km		车号	车次		司机
出站时间		到场时间		现场出罐温度/℃	
开始浇筑时间		完成浇筑时间		现场坍落度/mm	
签字栏	现场验收人	混凝土供应单位质量员		混凝土供应单位签发人	

注：本表的正本由供应单位保存，副本由施工单位保存。

2. 预拌混凝土运输单填表说明

（1）本表由供应单位出具，施工单位保存一份副本。

（2）预拌混凝土供应单位向施工单位提供预拌混凝土运输单，内容包括工程名称、使用部位、供应方量、配合比、坍落度、出站时间、到场时间和施工单位测定的现场实测坍落度等。

◆ 混凝土开盘鉴定

1. 混凝土开盘鉴定表格

混凝土开盘鉴定见表6.18。

表6.18 混凝土开盘鉴定

编号：_____

工程名称及部位				鉴定编号			
施工单位				搅拌方式			
强等级				要求坍落度			
配合比编号				适配单位			
水灰比				砂率/%			
材料名称	水泥	砂	石	水	外加剂		掺和料
每1 m³ 用料/kg							
调整后每盘用料/kg		砂含水率/%			石含水率/%		
鉴定结果	鉴定项目	混凝土拌和物性能			混凝土试块抗压强度/MPa	原材料与申请单是否相符	
		坍落度/cm	保水性	粘聚性			
	设计						
	实测						

续表6.18

建设(监理)单位	混凝土试配单位负责人	施工单位技术负责人	搅拌机组负责人
鉴定日期			

鉴定结论：

注：采用现场搅拌混凝土的工程，本表由施工单位填写并保存。

2. 混凝土开盘鉴定填表说明

（1）本表应由施工单位填写。

（2）采用预拌混凝土的应对首次使用的混凝土配合比在混凝土出厂前，由混凝土供应单位自行组织相关人员进行开盘鉴定。采用现场搅拌混凝土的应由施工单位组织监理单位、搅拌机组、混凝土试配单位进行开盘鉴定工作，共同认定试验室签发的混凝土配合比确定的组成材料是否与现场施工所用材料相符，及混凝土拌和物性能是否满足设计要求和施工需要。

（3）表中各项都应根据实际情况填写清楚、齐全，要有明确的鉴定结果和结论，签字齐全。

◆混凝土拆模申请单

在拆除现浇混凝土结构板、梁、悬臂构件等底模和柱墙侧模前，应填写混凝土拆模申请表，并附同条件混凝土强度报告，报项目专业技术负责人审批，通过后方可拆模。

混凝土拆模申请表的填写表式见表6.19。

表6.19 混凝土拆模申请单

编号：_____

工程名称					
申请拆模部位					
混凝土强度等级		混凝土浇筑完成时间		申请拆模日期	

构件类型
（注：在所选构件类型的□内划√）

□墙	□柱	板： □跨度≤2 m □2 m<跨度≤8 m □跨度>8 m	梁： □跨度≤8 m □跨度>8 m	□悬臂构件	——
拆模时混凝土强度要求	龄期/d	同条件混凝土抗压强度/MPa	达到设计强度等级/%	强度报告编号	
应达到设计强度的_____%（或_____MPa）					

续表6.19

工程名称	

审批意见:

同意该部位混凝土拆模申请

批准拆模日期:

施工单位		
专业技术负责人	专业质检员	申请人

注:1. 本表由施工单位填写并保存。
　　2. 拆模时混凝土强度规定:当设计有要求时,应按设计要求;当设计无要求时,应按现行规范要求。
　　3. 如结构形式复杂(结构跨度变化较大)或平面不规则,应附拆模平面示意图。

◆混凝土搅拌、养护测温记录

(1)冬季混凝土施工时,应进行搅拌和养护测温记录。(表6.20、表6.21)

表6.20　冬期施工混凝土搅拌测温记录表

工程名称			部位			搅拌方式		
混凝土强度等级			坍落度/cm			水泥品种强度等级		
配合比(水泥:砂:石:水)						外加剂名称掺量		
测温时间			大气温度	原材料温度/℃			出罐温度	入模温度	备注
年	月	日	时		水泥	砂	石	水			
施工单位				施工负责人			技术员		测温员	

注:本表由施工单位填写并保存。

表6.21　冬期施工混凝土养护及测温记录表

工程名称			部位			养护方法		
测温时间			大气温度	各测孔温度/℃			平均温度	间隔时间	成熟度(N)/(h·℃)	
月	日	时							本次	累计
施工单位				施工负责人			技术员		测温员	

注:本表由施工单位填写并保存。

(2)混凝土冬季施工搅拌测温记录应包括大气温度、原材料温度、出罐温度、入模温度等。

(3)混凝土冬季施工养护测温应先绘制测温点布置图,包括测温点的部位、深度等,测温记录应包括大气温度、各测温孔的实测温度、同一时间测得的各测温孔的平均温度和间隔时间等。

◆大体积混凝土养护测温记录

大体积混凝土施工应对入模时大气温度、各测温孔温度、内外温差和裂缝进行检查和记录。

大体积混凝土养护测温应附测温点布置图,包括测温点的布置、深度等。

大体积混凝土养护测温记录表式见表6.22。

表6.22 大体积混凝土养护测温记录

工程名称			部位		入模温度		养护方法	
测温时间	大气温度	各测孔温度/℃			内外温差	时间间隔	裂缝检查	
月	日	年						
施工单位			施工负责人		技术员		测温员	

【实　务】

◆混凝土浇灌申请书填写范例

混凝土浇灌申请书填写范例见表 6.23。

表 6.23　混凝土浇灌申请书

编号：×××

工程名称	××工程	申请浇灌日期	2008 年 8 月 29 日
申请浇灌部位	地下二层 1～7/A～G 轴墙柱	申请方量/m³	92
技术要求	坍落度 180 mm，初凝时间 2 h	强度等级	C45
搅拌方式(搅拌站名称)	××混凝土有限公司	申请人	×××

依据：施工图纸(施工图号结施 9)、设计变更/洽商/(编号　/　)和有关规范规程

施工准备检查	专业工长(质量员)签字	备注
1. 隐检情况：☑已　　□未完成隐检	×××	
2. 预检情况：☑已　　□未完成预检	×××	
3. 水电预埋情况：☑已　　□未完成并未经检查	×××	
4. 施工组织情况：☑已　　□未完备	×××	
5. 机械设备准备情况：☑已　　□未完备	×××	
6. 保湿及有关准备：☑已　　□未完备	×××	

审批意见：
　　原材料、机械设备及施工人员已就位，施工方案及技术交底工作已落实。计量设备已准备完毕，各种隐预检、水电预埋工作已完成

审批结论：☑同意浇筑　　□整改后自行浇　　□不同意，整改后重新申请

审批人：×××　　　　　　　　　　　　　　　　　　　　　　　审批日期：2010 年 8 月 28 日

施工单位名称：××建设工程有限公司

注：本表由施工单位填报并保存，并交给监理一份备案

◆预拌混凝土运输单填写范例

预拌混凝土运输单填写范例见表 6.24。

第6章 建筑工程施工记录

表6.24 预拌混凝土运输单

编号：×××

合同编号	×××	任务单号	×××		
供应单位	××混凝土有限公司	生产日期	2010年9月4日		
工程名称及施工部位		××工程 地下一层 1~8/A~G轴墙体			
委托单位	××建设工程	混凝土强度等级	C30	抗渗等级	/
混凝土输送方式	泵送	其他技术要求		/	
本车供应方量/m³	6	要求坍落度/mm	140~160	实测坍落度/mm	145
配合比编号	×××	配合比比例	$C:W:S:G = 1.00:0.49:2.42:3.17$		
运距/km	30	车号	津A81230	车次	21	司机	×××
出站时间	14:27	到场时间	15:48	现场出罐温度/℃	21
开始浇筑时间	16:00	完成浇筑时间	16:15	现场坍落度/mm	145
签字栏	现场验收人 ×××		混凝土供应单位质量员 ×××		混凝土供应单位签发人 ×××

注：本表的正本由供应单位保存，副本由施工单位保存。

◆混凝土开盘鉴定填写范例

混凝土开盘鉴定填写范例见表6.25。

表6.25 混凝土开盘鉴定

编号：×××

工程名称及部位	××工程地下一层1~5/A~E轴框架柱				鉴定编号		×××	
施工单位	××建设工程有限公司第×项目部				搅拌方式		强制式搅拌	
强等级	C35				要求坍落度/mm		160~180	
配合比编号	×××				适配单位		××公司试验室	
水灰比	0.46				砂率/%		42	
材料名称	水泥	砂	石	水	外加剂		掺和料	
每1 m³用料/kg	323	773	1 053	180	8.7		91	
鉴定结果	鉴定项目	混凝土拌和物性能			混凝土试块抗压强度/MPa		原材料与申请单是否相符	
		坍落度/mm	保水性	黏聚性				
	设计	160~180			42.2		相符合	
	实测	170	良好	合格				

鉴定结论：
混凝土配合比中，组成材料与现场施工所用材料相符合，混凝土拌和物性能满足要求
同意C35混凝土开盘鉴定结果，鉴定合格

建设(监理)单位	混凝土试配单位负责人	施工单位技术负责人	搅拌机组负责人
×××	×××	×××	×××
鉴定日期	2010年4月27日		

注：采用现场搅拌混凝土的工程，本表由施工单位填写并保存。

◆混凝土拆模申请单填写范例

混凝土拆模申请单填写范例见表6.26。

表6.26 混凝土拆模申请单

编号：×××

工程名称		××工程			
申请拆模部位		地上三层1~7/A~G顶板梁			
混凝土强度等级	C25	混凝土浇筑完成时间	2010-09-24	申请拆模日期	2010-10-15

<table>
<tr><td colspan="5">构件类型
(注：在所选构件类型的□内划√)</td></tr>
<tr><td>□墙</td><td>□柱</td><td>板：
□跨度≤2 m
☑2 m＜跨度≤8 m
□跨度＞8 m</td><td>梁：
☑跨度≤8 m
□跨度＞8 m</td><td>□悬臂构件</td></tr>
<tr><td rowspan="2">拆模时混凝土强度要求</td><td>龄期/d</td><td>同条件混凝土抗压强度/MPa</td><td>达到设计强度等级/%</td><td>强度报告编号</td></tr>
<tr><td colspan="4">
应达到设计强度的78%(或____MPa)　　16　　　　18　　　　82　　　　×××
</td></tr>
</table>

应达到设计强度的78%(或____MPa)	16	18	82	×××

审批意见：

同意该部位混凝土拆模申请

批准拆模日期：2010-10-15

施工单位		××建筑工程公司	
专业技术负责人	专业质检员		申请人
×××	×××		×××

注：1.本表由施工单位填写并保存。

2.拆模时混凝土强度规定：当设计有要求时，应按设计要求；当设计无要求时，应按现行规范要求。

3.如结构形式复杂(结构跨度变化较大)或平面不规则，应附拆模平面示意图。

◆冬施混凝土搅拌测温记录

冬施混凝土搅拌测温记录见表6.27。

表6.27 冬期施工混凝土搅拌测温记录表

工程名称			××厂房	部位				搅拌方式		
混凝土强度等级			C25	坍落度/cm			40	水泥品种强度等级		渤海普通P.O32.5
配合比(水泥:砂:石:水)				375:744:1 268:163			外加剂名称掺量			防冻早强剂SY-3型,按水泥用量的6%
测温时间				大气温度/℃	原材料温度/℃				出罐温度/℃	入模温度/℃	备注
年	月	日	时		水泥	砂	石	水			
08	12	8	8	4	12	8	9	12	12	8	
施工单位			×××	施工负责人			×××	技术员	×××	测温员	×××

注:本表由施工单位填写并保存。

6.7 构件吊装记录

【基　础】

◆**构件吊装记录表格**

构件吊装记录见表6.28。

表6.28　构件吊装记录

编号：_____

工程名称							
使用部位				吊装日期			
序号	构件名称及编号	安装位置	安装检查				备注
			搁置与搭接尺寸	接头(点)处理	固定方法	标高检查	

结论：

施工单位		
专业技术负责人	专业质检员	记录人

注：本表由施工单位填写并保存。

◆**构件吊装记录填表说明**

(1)附件收集,相关设计要求文件等。

(2)资料流程,构件吊装记录由施工单位填写并保存。

(3)相关规定与要求,预制混凝土结构构件、大型钢、木构件吊装应有构件吊装记录(表6.28),吊装记录内容包括构件型号名称、安装位置、外观检查、楼板堵孔、清理、锚固、构件支点的搁置与搭接长度、接头处理、固定方法、标高、垂直偏差等,应符合设计和现行标准、规范要求。

(4)注意事项。"备注"栏内应填写吊装过程中出现的问题、处理措施及质量情况等,对于重要部位或大型构件的吊装工程,应有专项安全交底。

◆资料核查要求

(1)工业与民用建筑工程结构吊装记录均应分层填报,数量及子项填报清楚、齐全、准确、真实,签字要齐全。

(2)结构吊装记录如出现下列情况之一者,该项目应核定为不符合要求。

1)无结构吊装记录。(应提供而未提供)

2)子项填写不全、不能反映吊装工程内在质量时为不符合要求。

【实 务】

◆构件吊装记录填写范例

构件吊装记录填写范例见表6.29。

表6.29 构件吊装记录

编号:×××

工程名称		××小区				
使用部位		屋面		吊装日期	2010-09-22	
序号	构件名称及编号	安装位置	安装检查			备注
			搁置与搭接尺寸/mm	接头(点)处理	固定方法	标高检查	
1	预应力屋面板1#	1-9/A-G轴	80	焊接混凝土灌缝	焊接	23.1	

结论:

预应力屋面板有出厂合格证,外观、型号数量等各项技术指标符合设计要求及规范规定,构件合格

施工单位		×××建筑工程公司	
专业技术负责人	专业质检员		记录人
×××	×××		×××

注:本表由施工单位填写并保存。

6.8 地下工程防水效果检查记录

【基 础】

◆**地下工程防水效果检查记录表格**

地下工程防水效果检查记录见表6.30。

表6.30 地下工程防水效果检查记录

编号：_____

工程名称				
检查部位		检查日期		
检查方法及内容：				
检查结果：				
复查意见：				
		复查人：	检查日期：	
签字栏	建设(监理)单位	施工单位		
		专业技术负责人	专业质检员	专业工长

◆**地下工程防水效果检查记录填表说明**

(1)附件收集。背水内表面结构工程展开图、相关图片、相片及说明文件等。

(2)资料流程。地下工程防水效果检查记录由施工单位填写，报送建设单位和监理单位，各相关单位保存。

(3)相关规定与要求。地下工程验收时，应对地下工程有无渗漏现象进行检查，并填写地下工程防水效果检查记录(表6.30)，主要检查内容应包括裂缝、渗漏水部位和处理意见等，发现渗漏水现象应制作、标示好背水内表面结构工程展开图。

(4)注意事项。"检查方法及内容"栏内按《地下防水工程质量及验收规范》(GB 50208—2002)相关内容及技术方案填写。

◆检查要点

房屋建筑地下室检查围护结构内墙和底板:全埋设于地下的结构除调查围护结构内墙和底板外,背水的顶板(拱顶)重点检查。专业施工单位、总包施工单位、监理单位在工程施工质量验收前,必须进行地下防水工程防水效果检查,绘制"背水内表面的结构工程展开图",且要详细标示,渗漏水量应符合相关规范的规定。

【实 务】

◆地下工程防水效果检查记录填写范例

地下工程防水效果检查记录填写范例见表6.31。

表6.31 地下工程防水效果检查记录

编号:×××

工程名称		××工程	
检查部位	地下二层外墙	检查日期	2010年4月27日

检查方法及内容:
依据《地下水防水工程施工质量验收规范》(GB 50208—2002)和施工方案,检查人员用干手触摸混凝土墙面及用吸墨纸(或报纸)贴附背水墙检查①~⑥轴墙体的湿渍面积,有无裂缝和渗水现象

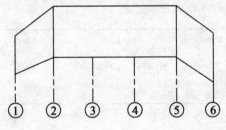

复查意见:

复查人: 　　　　检查日期:

签字栏	建设(监理)单位	施工单位	××建筑工程公司	
		专业技术负责人	专业质检员	专业工长
	×××	×××	×××	×××

6.9 防水工程试水检查记录

【基 础】

◆**防水工程试水检查记录表格**

防水工程试水检查记录见表6.32。

表6.32 防水工程试水检查记录

编号：_____

工程名称				
检查部位		检查日期		
检查方式	□第一次蓄水 □第二次蓄水	蓄水日期	从_____时 至_____时	
	□淋水		□雨期观察	

检查方法及内容：

检查结果：

复查意见：

复查人： 检查日期：

签字栏	建设(监理)单位	施工单位		
		专业技术负责人	专业质检员	专业工长

注：本表由施工单位填写，建设单位、施工单位各保存一份。

◆**防水工程试水检查记录填表说明**

(1)附件收集。相关的图片、照片及文字说明等。

(2)资料流程。资料流程由施工单位填写后报送建设单位及监理单位存档。

(3)相关规定与要求。

1)凡有防水要求的房间应有防水层及装修后的蓄水检查记录；检查内容包括蓄水方式、蓄水时间、蓄水深度、水落口及边缘封堵情况和有无渗漏现象等。

2)屋面工程完毕后,应对细部构造(屋面天沟、檐沟、檐口、泛水、水落口、变形缝、伸出屋面的管道等)、接缝处和保护层进行雨期观察或淋水、蓄水检查,淋水试验持续时间不得少于2 h;做蓄水检查的屋面、蓄水时间不得少于24 h。

◆检查要点

(1)屋面工程完工后,应按《屋面工程质量验收规范》(GB 50207—2002)的有关规定对细部构造、接缝、保护层等进行外观检查,并进行淋水或蓄水检验。

(2)卷材防水层、涂膜防水层、细石混凝土防水层不得有渗漏或积水现象。

检验方法:雨后或淋水、蓄水检验。

(3)瓦屋面、油毡瓦屋面泛水做法应符合设计要求,顺直整齐,结合严密、无渗漏。

检验方法:观察检查和雨后或淋水检验。

(4)金属板材的连接和密封处理必须符合设计要求,不得有渗漏现象。

检验方法:观察检查和雨后或淋水检验。

(5)蓄水屋面、种植屋面防水层施工必须符合设计要求,不得有渗漏现象。

检验方法:蓄水至规定高度观察检查。

(6)检查屋面有无渗漏、积水和排水系统是否畅通,应在雨后或持续淋水2 h后进行。有可能进行蓄水检验的屋面,其蓄水时间不应少于24 h。(分部工程验收)

(7)检查有防水要求建筑地面的基层(各构造层)和面层,应采用泼水或蓄水方法验收,蓄水时间不得小于24 h。

(8)(找平层)有防水要求的建筑地面工程的立管、套管、地漏处严禁渗漏,坡向应正确,无积水。

检验方法:观察检查和蓄水、泼水检验及坡度尺检查。

(9)防水材料铺设后,必须蓄水试验。蓄水深度应为20~30 mm,24 h内无渗漏为合格,并做记录。

(10)防水隔离层严禁渗漏,坡向应正确、排水畅通。

检验方法:观察检查和蓄水、泼水检验或坡度尺检查及检查检验记录。

◆资料核查要求

防水工程试水前一定按照合同约定时间通知监理工程师到场监督蓄水,否则试水无效。中间检查也要同监理工程师一同检查,并做好详细的记录。检查合格,双方在检查记录上签字;如果某一项确认不合格,检查结论可暂不填写,这一项重新整修、重新蓄水,检查合格后再填写。检查记录的内容一般应包括工程名称,施工单位,设计防水等级,淋水或蓄水开始时间、检查时间,检查情况,施工单位评定结果,监理(建设)单位验收结论、公章,项目经理、监理工程师签字等。

【实 务】

◆防水工程试水检查记录范例

防水工程试水检查记录范例见表6.33。

表6.33 防水工程试水检查记录

编号：×××

工程名称	××小区工程		
检查部位	地上四层厕浴间	检查日期	2010-03-09
检查方式	☑第一次蓄水 □第二次蓄水	蓄水日期	从2010-03-07 9时 至2010-03-08 9时
	□淋水		□雨期观察

检查方法及内容：
  厕浴间一次蓄水试验，在门口处用水泥砂浆做挡水墙，地漏周围挡高5 cm，用球塞（或棉丝）把地漏堵严密且不影响试水，蓄水最浅水位为20 mm，蓄水时间为24 h

检查结果：
  经检查，厕浴间一次蓄水试验，蓄水最前水位高出地面最高点20 mm，经24 h无渗漏现象，检查合格，符合标准

复查意见：

复查人： 检查日期：

签字栏	建设(监理)单位	施工单位	××建筑工程公司	
		专业技术负责人	专业质检员	专业工长
	×××	×××	×××	×××

注：本表由施工单位填写，建设单位、施工单位各保存一份。

6.10 预应力工程施工记录

【基　础】

◆ 预应力筋张拉记录

预应力筋张拉记录见表 6.34 和表 6.35。

表 6.34　预应力筋张拉记录(一)

编号：_____

工程名称		张拉日期	
施工部位		预应力筋规格及抗拉强度	

预应力张拉程序及平面示意图：
□有　□无附页

张拉端锚具类型		固定端锚具类型	
设计控制应力		实际张拉力	
千斤顶编号		压力表编号	
混凝土设计强度		张拉时混凝土实际强度	

预应力筋计算伸长值：

预应力筋伸长值范围：

施工单位			
专业技术负责人	专业质检员		记录人

注：本表由施工单位填写，建设单位、施工单位、城建档案馆各保存一份。

表6.35 预应力筋张拉记录(二)

编号：_____

工程名称							张拉日期		
施工部位									
张拉顺序编号	计算值	预应力筋张拉伸长实测值/cm						总伸长	备注
		一端张拉			另一端张拉				
		原长 L_1	实长 L_2	伸长 $\triangle L$	原长 L_1	实长 L_2	伸长 $\triangle L'$		
□有 □无见证		见证单位				见证人			
施工单位									
专业技术负责人			专业质检员				记录人		

注：本表由施工单位填写，建设单位、施工单位、城建档案馆各保存一份。

现场预应力张拉施工记录的主要内容。

(1)锚夹具、预应力筋质量证明。

(2)冷拉钢筋和调直后的冷拔低碳钢丝的机械性能试验。

(3)钢筋的点焊、对焊及焊接铁件电弧焊的机械性能试验。

(4)后张法张拉前混凝土的强度试验报告。

(5)施工方案或技术交底。

(6)张拉记录、张拉设备检定记录。

(7)预检记录、钢筋隐检记录、应力检测和质量检验评定资料。

(8)填写预应力筋张拉记录表。

◆有黏结预应力结构灌浆记录

有黏结预应力结构灌浆记录，见表6.36。应包括以下主要内容灌浆孔状况、水泥浆的配比状况、灌浆压力、灌浆量等。

表 6.36 有黏结预应力结构灌浆记录

编号：_____

工程名称			灌浆日期		
施工部位					
灌浆配合比			灌浆要求压力值		
水泥强度等级		进场日期		复试报告编号	

灌浆点简图与编号：

灌浆点编号	灌浆压力值/MPa	灌浆量/L	灌浆点编号	灌浆压力值/MPa	灌浆量/L

备注：

施工单位			
专业技术负责人	专业质检员		记录人

注：本表由施工单位填写，建设单位、施工单位、城建档案馆各保存一份。

◆检查要点

(1)预应力筋张拉记录(一)包括预应力施工部位、预应力筋规格、平面示意图、张拉程序、应力记录、伸长量等。

(2)预应力筋张拉记录(二)对每根预应力筋的张拉实测值进行记录。

(3)后张法有黏结预应力筋张拉后应灌浆，并做灌浆记录，记录内容包括灌浆孔状况、水泥浆配比状况、灌浆压力、灌浆量，并有灌浆点简图和编号等。

(4)预应力张拉原始施工记录应归档保存。

(5)预应力工程施工记录应由有相应资质的专业施工单位负责提供。

【实 务】

◆预应力工程施工记录填写范例

预应力工程施工记录填写范例见表 6.37 和表 6.38。

表 6.37 预应力筋张拉记录(一)

编号:×××

工程名称	××工程	张拉日期	2010-06-24
施工部位	预应力 8#屋架	预应力筋规格及抗拉强度/$(N \cdot m^{-3})$	ϕ^S 1570

预应力张拉程序及平面示意图:

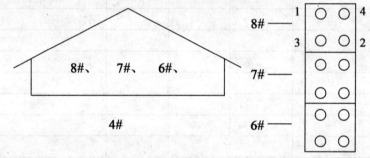

☐有 ☑无附页

张拉端锚具类型/kN	××	固定端锚具类型	××
设计控制应力/kN	306	实际张拉力/kN	308
千斤顶编号	1#	压力表编号	20.1
	2#		20.3
混凝土设计强度	C50	张拉时混凝土实际强度/MPa	75

预应力筋计算伸长值:

$$\Delta L = \frac{E_p \cdot L}{A_p \cdot Es} \quad \frac{308 \times 27\,400}{15 \times 19.63 \times 200} = 143 \text{ mm}$$

预应力筋伸长值范围:

136 ~ 157 mm

施工单位	××建筑公司		
专业技术负责人	专业质检员		记录人
×××	×××		×××

注:本表由施工单位填写,建设单位、施工单位、城建档案馆各保存一份。

表6.38 预应力筋张拉记录(二)

编号：×××

工程名称	××工程			张拉日期			2010-09-24	
施工部位				6#、7#、8#屋架				

| 张拉顺序编号 | 计算值 | 预应力筋张拉伸长实测值/cm | | | | | | 总伸长 | 备注 |
| | | 一端张拉 | | | 另一端张拉 | | | | |
		原长 L_1	实长 L_2	伸长 $\triangle L$	原长 L_1	实长 L_2	伸长 $\triangle L'$		
6#1 孔	14.2	2.3	13.2	10.9	5.1	8.5	3.4	14.3	
6#2 孔	14.2	3.0	13.6	10.6	4.9	8.5	3.6	14.2	
6#3 孔	14.2	2.6	13.6	11.0	4.8	8.1	3.3	14.3	
6#4 孔	14.2	2.8	14.2	11.4	5.2	8.2	3.0	14.4	
7#1 孔	14.3	2.9	13.9	11.0	6.0	9.5	3.5	14.5	
7#2 孔	14.3	2.5	13.6	11.1	40	7.6	3.6	14.7	
7#3 孔	14.3	3.3	14.1	10.8	3.9	7.6	3.6	14.4	
7#4 孔	14.3	2.9	14.3	11.4	3.8	6.9	3.1	14.5	
8#1 孔	14.4	3.2	14.3	11.1	4.0	736	3.6	14.7	
8#2 孔	14.4	2.7	13.5	10.8	3.0	6.6	3.6	14.4	
☑有□无见证		见证单位		×××公司		见证人		×××	
施工单位		××建筑工程公司							
专业技术负责人 ×××		专业质检员 ×××				记录人 ×××			

注：本表由施工单位填写，建设单位、施工单位、城建档案馆各保存一份。

第7章 建筑工程施工试验记录

7.1 施工试验记录(通用)

【基 础】

◆ **施工试验记录表格**

施工试验记录见表7.1。

表7.1 施工试验记录

编　号：_____
试验编号：_____
委托编号：_____

工程名称及施工部位		规格、材质	
试验日期		报告日期	

试验项目：

试验内容：

结论：

批准		审核		试验	
试验单位					

注：本表由建设单位、施工单位各保存一份。

◆ **施工试验记录填表说明**

(1)应由具备相应资质等级的检测单位出具后续相关资料进入资料流程。(后续各种专用试验记录与此相同)

(2)在完成检验批的过程中,由施工单位试验负责人负责制作施工试验试件,之后送至具备相应检测资质等级的检测单位进行试验。

第7章 建筑工程施工试验记录

(3)检测单位根据相关标准对送检的试件进行试验后,出具试验报告并将报告返还施工单位。

(4)施工单位将施工试验记录作为检验批报验的附件,随检验批资料进入审批程序。(后续各种专用试验记录形成流程相同)

【实　务】

◆施工试验记录(通用)填写

施工试验记录(通用)填写见表7.2。

表7.2　施工试验记录

编　　号:×××
试验编号:×××
委托编号:×××

工程名称及施工部位	××小区工程××部位	规格、材质	×××
试验日期	2010-09-24	报告日期	2010-09-25

试验项目:

(根据具体施工试验具体填写)

试验内容:

(根据具体施工试验具体填写)

结论:

批准	×××	审核	×××	试验	×××
试验单位	×××试验室					

注:本表由建设单位、施工单位各保存一份。

7.2 回填土施工试验记录

【基　础】

◆ **土工击实试验报告**

土工击实试验报告见表7.3。

表7.3　土工击实试验报告

编　　号：_____
试验编号：_____
委托编号：_____

工程名称及施工部位		试样编号	
委托单位		试验委托人	
结构类型		填土部位	
要求压实系数/λ_c		土样各类	
来样日期		试验日期	
试验结果	最优含水量($w\,op$)/% =		
	最大干密度(ρ_{dmax})(g·cm^{-3}) =		
	控制指标(控制干密度)		
	最大干密度×要求压实系数/(g·m^{-3}) =		

结论：

批准		审核		试验	
试验单位					
报告日期					

注：本表由建设单位、施工单位、城建档案馆各保存一份。

土工击实试验报告是以经施工企业技术负责人审查签章后的表7.3格式形式归存，是为保证工程质量，确定回填土的控制最小干密度，由试验单位对工程中的回填土(或其他夯实类土)的干密度指标进行击实试验后出具的质量证明文件。

◆ **回填土取样**

回填土必须分层夯压密实，并分层、分段取样做干密度试验。施工试验资料主要是取样平面位置图和回填土干密度试验报告。

1. 取样数量

(1) 柱基抽查柱基的10%，但不少于五点。

(2) 基槽管沟每层按长度20～50 m取一点，但不少于一点。

(3) 基坑每层100～500 m² 取一点，但不少于一点。

(4) 挖方、填方每100～500 m² 取一点；但不少于一点。

(5) 场地平整每400～900 m² 取一点，但不少于一点。

(6)排水沟每层按长度 20～50 m 取一点,但不少于一点。
(7)地(路)面基层每层按 100～500 m² 取一点,但不少于一点。
各层取样点应错开,并应绘制取样平面位置图,标清各层取样点位。

2. 取样方法

(1)环刀法每段每层进行检验,应在夯实层下半部(至每层表面以下 2/3 处)用环刀取样。

(2)罐砂法用于级配砂石回填或不宜用环刀法取样的土质。采用罐砂法取样时,取样数量可较环刀法适当减少,取样部位应为每层压实后的全部深度。

取样应由施工单位按规定现场取样,将样品包好、编号(编号要与取样平面图上各点位标示一一对应),送试验室试验。如取样器具或标准砂不具备,应请试验室来人现场取样进行试验。施工单位取样时,宜请建设单位参加,并签认。

◆回填土试验报告

回填土试验报告见表7.4。

表7.4 回填土试验报告

编　　号:_____
试验编号:_____
委托编号:_____

工程名称及施工部位					
委托单位			试验委托人		
要求压实系数/λ_c			回填土种类		
控制干密度/ρ_d			试验日期		
点号 项目 步数	1	2	实测干密度/(g·m⁻³)		
			实测压实系数		
1					
2					

取样位置简图(附图)

结论:

批准	审核	试验
试验单位		
报告日期		

注:本表由建设单位、施工单位、城建档案馆各保存一份。

(1)表7.4 应由具备相应资质等级的检测单位出具后随相关资料进入资料流程。

(2)土的干密度试验报告表中委托单位、工程名称、施工部位、填土种类、要求最小干密度,应由施工单位填写清楚、齐全,步数、取样位置由取样单位填写清楚。

(3)工程名称要写具体。

(4)施工部位一定要写清楚。

(5)填土种类具体填写指素土、m:n 灰土(如 3:7 灰土)、砂或砂石等。

(6)土质是指黏质粉土、粉质黏土、黏土等。

(7)要求最小干密度。设计图纸有要求的,填写设计要求值;设计图纸无要求的应符合下列标准。

素土:一般情况下应 ≥1.65 g/cm³;黏土 ≥1.49 g/cm³。

灰土:黏质粉土要求最小干密度 1.55 g/cm³;粉质黏土要求最小干密度 1.50 g/cm³;黏土要求最小干密度 1.45 g/cm³。

砂不小于在中密状态时的干密度,中砂 1.55~1.60 g/cm³。

砂石要求最小干密度 2.1~2.2 g/cm³。

◆回填土检查要求

(1)填方工程包括大型土方、室内填方及柱基、基坑、基槽和管沟的回填土等,填方工程应按设计要求和施工规范规定,对土壤分层取样试验,提供分层取点平面示意图,编号及试验报告单。试验记录编号应与平面图对应。

(2)各层填土压实后,应及时测定干土质量密度,应有 90% 以上符合设计要求,其余 10% 的最低值与设计值的差,不得大于 0.08 g/cm3,且应分散,不得集中。

(3)重要的、大型的或设计有要求的填方工程,在施工前应对填料作击实试验,求出填料的干土质量密度-含水量关系曲线,并确定其最大干土质量密度 γ_{dmax} 和最优含水量,并根据设计压实系数,分别计算出各种填料的施工控制干土质量密度。对于一般的小型工程又无击实试验条件的单位,最大干土质量密度可按施工规范计算。

(4)填方工程环刀取样数量应符合以下要求。柱基回填,抽查柱基总数的 10%,但不少 5 个;基槽和管沟回填,每层按长度 20~50 m 取样 1 组,但不少于 1 组;基坑和室内回填每层按 100~500 m² 取样 1 组,但不少于 1 组;场地平整填方,每层按 400~900 m² 取样 1 组,但不少于 1 组。

(5)砂、砂石、灰土、三合土地基用环刀取样实测,其干土质量密度不应低于设计要求的最小干土质量密度;用贯入仪、钢筋或钢叉等实测贯入度大小不应低于通过试验所确定的贯入度数值。抽查数量:柱坑按总数抽查 10%,但不少于 5 个;基坑、槽沟每 10 m² 抽查 1 处,但不少于 5 处。

【实　　务】

◆ 土工击实试验报告填写范例

土工击实试验报告填写范例见表7.5。

表7.5　土工击实试验报告

编　　号：×××
试验编号：×××
委托编号：×××

工程名称及施工部位	××小区	试样编号	×××
委托单位	××建设工程公司	试验委托人	×××
结构类型	全现场浇剪墙	填土部位	1-9/A-G轴基槽
要求压实系数/λ_c	0.95	土样各类	灰土
来样日期	2010-08-04	试验日期	2010-08-09
试验结果	最优含水量$(w_{op})/\% = 20.4$		
	最大干密度$(\rho_{dmax})/(g \cdot cm^{-3}) = 1.71$		
	控制指标(控制干密度)		
	最大干密度×要求压实系数/$(g \cdot cm^{-3}) = 1.6$		

结论：
依据(GB 50123—1999)标准，最佳含水率为20.6%，最大干密度为1.72 g/cm³，现将控制指标最小干密度为1.60 g/cm³

批准	×××	审核	×××	试验	×××
试验单位	××工程公司试验室				
报告日期	2010-08-09				

注：本表由建设单位、施工单位、城建档案馆各保存一份。

◆回填土试验报告填写范例

回填土试验报告填写范例见表7.6。

表7.6 回填土试验报告

编　　号：×××
试验编号：×××
委托编号：×××

工程名称及施工部位			××小区地下停车场		
委托单位		××建筑工程公司	试验委托人		×××
要求压实系数/λ_c			回填土种类		3:7灰土
控制干密度/ρ_d/(g·cm^{-3})		1.57	试验日期		2010-06-09
步数	点号 项目	1	2		
		实测干密度/(g·cm^{-3})			
		实测压实系数			
1		1.58	1.62		
		0.98	0.95		
2		1.59	1.57		
		0.96	0.97		
3		1.57	1.59		
		0.96	0.94		
4		1.59	1.65		
		0.98	0.91		

取样位置简图(附图)

(图略)

结论：

符合最小干密度及《土工试验方法标准》(GB/T 50123—1999)标准规定

批准	×××	审核	×××	试验	×××
试验单位			××工程公司试验室		
报告日期			2010-06-11		

注：本表由建设单位、施工单位、城建档案馆各保存一份。

7.3 钢筋连接施工试验记录

【基 础】

◆**钢筋连接试验报告表格**

钢筋连接试验报告见表7.7。

表7.7 钢筋连接试验报告

编 号：_____
试验编号：_____
委托编号：_____

工程名称及施工部位				事件编号				
委托单位				试验委托人				
接头类型				检验形式				
设计要求连接性能等级				代表数量				
连接钢筋种类及牌号			公称直径/mm			原材试验编号		
操作人			来样日期			试验日期		
接头试件			母材试件		弯曲试件			
公称面积 /mm²	抗拉强度 /MPa	断裂特征及位置	实测面积 /mm²	抗拉强度 /MPa	弯心直径	角度	结果	备注

结论：

批准		审核		试验	
试验单位					
报告日期					

注：本表由建设单位、施工单位、城建档案馆各保存一份。

◆**钢筋连接试验报告填表说明**

(1)填写单位由具备相应资质等级的检测单位出具后随相关资料进入资料流程。

(2)相关规定与要求。

1)用于焊接、机械连接钢筋的力学性能和工艺性能应符合现行国家标准。

2)正式焊(连)接工程开始前及施工过程中，应对每批进场钢筋在现场条件下进行工艺检验，工艺检验合格后方可进行焊接或机械连接的施工。

3) 钢筋焊接接头或焊接制品、机械连接接头应按焊(连)接类型和验收批的划分进行质量验收并现场取样复试。

4) 承重结构工程中的钢筋连接接头应按规定实行有见证取样和送检的管理。

5) 采用机械连接接头形式施工时,技术提供单位应提交由有相应资质等级的检测机构出具的型式检验报告。

6) 焊(连)接工人必须具有有效的岗位证书。

(3) 注意事项试验报告中应写明工程名称、钢筋级别、接头类型、规格、代表数量、检验形式、试验数据、试验日期以及试验结果。

(4) 钢筋连接试验报告由建设单位、施工单位、城建档案馆各保存一份。

◆钢筋连接的试验项目、组批原则及规定

钢筋连接的试验项目、组批原则及规定见表7.8。

表7.8 钢筋连接的试验项目、组批原则及规定

项目	试验项目	组批原则及取样规定
钢筋电阻点焊	抗拉强度抗剪强度弯曲试验	班前焊(工艺性能试验)在工程开工或每批钢筋正式焊接前,应进行现场条件下的焊接性能试验: (1) 钢筋焊接骨架 ①凡钢筋级别、直径及尺寸相同的焊接骨架应视为同一类制品,且每200件为一验收批,一周内不足200件的也按一批计 ②试件应从成品中切取,当所切取试件的尺寸小于规定的试件尺寸时,或受力钢筋大于8 mm时,可在生产过程中焊接试验网片,从中切取试件 ③由几种钢筋直径组合的焊接骨架,应对每种组合做力学性能检验;热轧钢筋焊点,应做抗剪试验试件数量3件;冷拔低碳钢丝焊点,应做抗剪试验及对较小的钢筋作拉伸试验,试件数量3件 (2) 钢筋焊接网 ①要求同(1)中①的要求 ②试件应从成品中切取;冷轧带肋钢筋或冷拔低碳钢丝焊点应做拉伸试验,试件数量1件,横向试件数量1件;冷轧带肋钢筋焊点应做弯曲试验,纵向试件数量1件,横向试件数量1件;热轧钢筋、轧带肋钢筋或冷拔低碳钢丝的焊点应作抗剪试验,试件数量3件
钢筋闪光对焊接头	抗拉强度弯曲试验	①同一台班内由同一焊工完成的300个同级别、同直径钢筋焊接接头应作为一批,当同一台班内,可在一周内累计计算;累计仍不足300个接头,也按一批计 ②力学性能试验时,试件应从成品中随机切取6个试件,其中3个做拉伸试验,3个做弯曲试验 ③焊接等长预应力钢筋(包括螺丝杆与钢筋)可按生产条件做模拟试件 ④螺丝端杆接头可只做拉伸试验 ⑤若初试结果不符合要求时,可随机再取双倍数量试件进行复试 ⑥当模拟试件试验结果不符合要求时,复试应从成品中取样,其数量和要求与初试时相同

续表7.8

项目	试验项目	组批原则及取样规定
钢筋电弧焊接头	抗拉强度	①工厂焊接条件下,同钢筋级别300个接头为一验收批 ②在现场安装条件下,每一至二层楼同接头形式、同钢级别的接头300个为一验收批,不足300个接头也按一批计 ③试件应从成品中随机切取3个接头进行拉伸试验 ④装配式结构节点的焊接接头可按生产条件制造模拟试件 ⑤当初试结果不符合要求时,应再取6个试件进行复试
钢筋电渣压力焊接头	抗拉强度	①一般构筑物中以300个同级别钢筋接头作为一验收批 ②在现浇钢筋混凝土多层结构中,应以每一楼层或施工区段中300个同级别钢筋接头作为一验收批,不足300个接头也按一批计 ③试件应从成品中随机切取3个接头进行拉伸试验 ④当初试结果不符合要求时,应再取6个试件进行复试
钢筋气压焊接头	抗强强度弯曲试验（梁、板的水平筋连接）	①试件应从成品中随机切取3个接头进行拉伸试验;在梁、板的水平钢筋连接中,应另切取3个试件做弯曲试验 ②其他同"钢筋电渣压力焊接头"规定①、②、④条
预埋件钢筋T形接头	抗拉强度	①预埋件钢筋埋弧压力焊,同类型预埋件一周内累计每300件时为一验收批,不足300个接头也按一批计,每批随机切取3个试件做拉伸试验 ②当初试结果不符合规定时,再取6个试件进行复试
机械连接包括 ①锥螺纹连接 ②套筒挤压接头 ③镦粗直螺纹钢筋接头 《混凝土结构工程施工质量验收规范》（GB 50204—2002） 《钢筋机械连接技术规程（附条文说明）》（JGJ 107—2010） 《镦粗直螺纹钢筋接头》（JG 171—2005）	抗拉强度	（1）工艺检验在正式施工前,按同批钢筋、同种机械连接形式的接头试件不少于3根,同时对应截取接头试件的母材,进行抗拉强度试验 （2）现场检验接头的现场检验按验收批进行,同一施工条件下采用同一批材料的同等级、同形式、同规格的接头每500个为一验收批,不足500个接头也按一批计,每一验收批必须在工程结构中随机截取3个试件做单向拉伸试验,在现场连续检验10个验收批,其全部单向拉伸试件一次抽样均合格时,验收批接头数量可扩大一倍

◆资料核查的一般要求

(1)核查每份检验单中的试验项目是否齐全,每组试件取样数量是否足够,试验结果和结论是否完整正确。

(2)核查钢筋焊接是否按规范规定逐批抽样试验的,批量的总和是否与需用量基本一致。

(3)采用电弧焊接和埋弧焊、电渣压力焊的受力钢材,需分别核查焊条和焊剂出厂合格证是否符合要求。

(4)主要受力构件的焊接检验报告,若出现下列情况之一者,本项目应核定为"不符合要求"。

1)主要受力钢材焊接机械性能检验报告中,缺少主要试验项目。例如钢筋对接焊无冷弯试验,或是任一指标不符合检验标准,且无鉴定处理和去向说明。

2)焊接检验单的批量明显少于需用量或检验项目明显不齐全。

3)重要受力构件电弧焊采用的焊条没有合格证,或焊条的性能不符合设计要求或有关标准的规定。

4)钢结构工程一级焊缝没有超声波和X射线检验报告;二级焊缝没有超声波检验。

◆检查技术要点

(1)凡有焊接接头的受力钢筋及型钢都要有焊接接头试(检)验报告。

其焊接母材质量、焊条或焊剂质量、焊接工艺及焊接质量检验结果均须符合设计要求及有关规范标准规定。

(2)焊点及焊缝的机械性能试验宜从外观检查合格的接头或制品中分批抽取一定数量的试件,应按规定方法分别进行拉伸、弯曲或抗剪试验(闪光对焊及气压焊接头宜做拉力及弯曲试验;电弧焊接头只做拉力试验;做焊接骨架和网片焊点宜做拉伸及抗剪试验。焊接制品由几种直径钢筋组合时,每种组合均做强度试验)。非承重焊接骨架和网片只需做外观检查,不做强度试验。

(3)钢材焊接检验单应按规定内容认真填写,无漏、缺项,每个试样机械性能检验结果数据和结论,均要说明试样破坏部位(断在焊缝,热影响区或焊缝外)和破坏状态(呈塑性或呈脆性);弯曲试验应说明弯心直径及弯曲角度,并说明每根试样弯曲后,接头外侧是否出现大于0.15 mm的横向裂缝,才能判定该组试样的拉力及弯曲试验结果是否合格。

(4)钢结构工程采用的钢种和焊接材料,应进行焊接性能和力学性能检验。施焊过程中,除了对焊缝进行外观检查之外,对于一级焊缝还应做超声波检验,当检查外观缺陷和几何尺寸有疑点时应做磁粉复检和X射线检验,抽查焊接长度2%至少需有一张底片;二级焊缝需有超声波检验,有疑点时,用X射线透照复验。

(5)结构受力钢筋和型钢采用电弧焊接头时,必须具备焊条出厂合格证,其内容包括牌号、规格、出厂日期、机械性能(拉力、弯曲、韧性)及化学成分。焊条的规格、型号必须和设计要求相一致。若设计未做规定,钢筋电弧焊焊条牌号应按《钢筋焊接及验收规程》(JGJ 18—1996)的规定选用。

(6)无焊条合格证或对焊条质量有怀疑时(如锈湿、受潮严重等),应按批抽样试验,并提供焊条检验报告。

(7)进行电渣压力焊和埋弧焊所需的焊剂必须具有出厂合格证,合格证内容包括厂家、牌号、商标、焊剂类型、氧化锰含量、二氧化硅含量、氟化钙含量等,若设计对焊剂的牌号未做规定,可采用431焊剂(高锰、高硅、低氟焊剂,适合于Ⅰ、Ⅱ级钢筋的焊接)或其他性能相似的焊剂。

焊剂使用前需250 ℃恒温烘焙1~2 h。

【实　务】

◆钢筋连接试验报告填写范例

钢筋连接试验报告填写范例见表7.9。

表7.9　钢筋连接试验报告

编　号：×××
试验编号：×××
委托编号：×××

工程名称及施工部位		××工程地下室框架梁		事件编号		×××	
委托单位		××建筑工程公司		试验委托人		×××	
接头类型		滚轧直螺纹连接		检验形式		工艺检验	
设计要求连接性能等级		A级		代表数量		500个	
连接钢筋种类及牌号		热轧带肋HRB335		公称直径/mm	20	原材试验编号	×××
操作人		×××		来样日期	2010-09-24	试验日期	2010-09-24
接头试件		母材试件		弯曲试件			备注
公称面积/mm²	抗拉强度/MPa	断裂特征及位置	实测面积/mm²	抗拉强度/MPa	弯心直径	角度	结果
314.2	595	母材拉断	314.2	600			
314.2	600	母材拉断	314.2	595			
314.2	605	母材拉断	/	/			

结论：
依据《钢筋机械连接技术规程（附条文说明）》(JGJ 107—2010)标准：工艺检验符合滚轧直螺纹A级接头要求

批准	×××	审核	×××	试验	×××
试验单位	××工程公司试验室				
报告日期	2010-09-25				

注：本表由建设单位、施工单位、城建档案馆各保存一份。

7.4　砌筑砂浆施工试验记录

【基　础】

◆砂浆配合比申请单

砌筑砂浆的配合比都应经试配确定。施工单位应从现场抽取原材料试样，根据设计要求向有资质的试验室提出试配申请，由试验室通过试配来确定砂浆的配合比。砂浆的配合比应采用质量比。试配砂浆强度应比设计强度提高15%。施工中要严格按照试验室的配比通知单计量施工，如砂浆的组成材料（水泥、掺和料和骨料）有变更，其配合比应重新试配选定。

砂浆配合比申请单由施工单位根据设计图纸要求填写，所有项目必须填写清楚、明了，不得有遗漏、空项,若水泥、砂子尚未做试验,应先试验水泥、砂子,合格后再做试配。试验编号必须填写准确、清楚。

砂浆配合比申请单式样见表7.10。

表7.10 砂浆配合比申请单

编　号:_____
委托编号:_____

工程名称			
委托单位		试验委托人	
砂浆种类		强度等级	
水泥品种		厂名	
水泥进场日期		试验编号	
砂产地		粗细级别	试验编号
掺和料种类		外加剂种类	
申请日期		要求使用日期	

◆ **配合比通知单**

配合比通知单见表7.11。

表7.11 配合比通知单

编　号:_____
委托编号:_____

强度等级			试验日期		
配合比					
	材料名称	水泥	砂	白灰膏	掺和料	外加剂
	每立方米用量/(kg·m^{-3})					
	比例					
注:					
	试验单位					
	报告日期					

注:本表由施工单位保存。

配合比通知单是由试验单位根据试配结果,选取最佳配合比填写签发的施工中。要严格按配比计量施工,施工单位不能随意变更。配合比通知单应字迹清晰、无涂改、签字齐全等,施工单位应验看,并注意通知单上的备注、说明。

◆ **抗压强度试验报告**

(1)试块留置。基础砌筑砂浆以同一砂浆品种、同一强度等级、同一配合比、同种原材料为一取样单位,砌体超过250 m^3,以每250 m^3 为一取样单位,余者计为一取样单位。

每一取样单位标准养,护试块的留置组数不得少于1组(每组6块),还应制作同条件养护试块、备用试块各1组,试样要有代表性,每组试块(包括相对应的同条件备用试块)的试样必须取自同一次拌制的砌筑砂浆拌和物。

(2)砂浆抗压试验报告(见表7.12)。

第7章 建筑工程施工试验记录

表7.12 砂浆抗压试验报告

编　　号：_____
试验编号：_____
委托编号：_____

工程名称			试验编号		
委托单位			试验委托人		
砂浆种类			稠度		
水泥品种及强度等级			试验编号		
矿产地及种类			试验编号		
掺和类种类			外加剂种类		
试件成型日期		要求龄期		要求试验日期	
养护方法		试件收到日期		试件制作人	

<table>
<tr><th rowspan="3">试验结果</th><th>试压日期</th><th>实际龄期/d</th><th>试件边长/mm</th><th>受压面积/mm²</th><th colspan="2">荷载/kN</th><th>抗压强度</th><th>达设计强度等级/%</th></tr>
<tr><td></td><td></td><td></td><td></td><td></td><td rowspan="2">平均</td><td></td><td></td></tr>
<tr><td></td><td></td><td></td><td></td><td></td><td></td><td></td></tr>
<tr><td></td><td></td><td></td><td></td><td></td><td></td><td></td><td></td></tr>
</table>

结论：

批准		审核		试验	
试验单位					
报告日期					

注：本表由建设单位、施工单位、城建档案馆各保存一份。

　　砂浆试块试压报告中上半部项目应由施工单位填写齐全、清楚，施工中没有的项目应划斜线或填写"无"。

　　其中工程名称及部位要填写详细、具体，配合比要依据配合比通知单填写，水泥品种及强度等级、砂子产地、细度模数、掺和料及外加剂要据实填写，并和原材料试验单、配合比通知单对应吻合，作为强度评定的试块，必须是标准养护28 d的试块，龄期28 d不能迟或者早，要推算准确试压日期，填写在要求试压日期栏内，交试验室试验。

　　领取试压报告时，应验看报告中是否字迹清晰、无涂改，签章齐全，结论明确，试压日期与要求试压日期是否符合。同组试块抗压强度的离散性和达到设计强度的百分数是否符合规范要求，合格存档，否则应通知有关部门和单位进行处理或更正后再归档保存。

◆砂浆试块强度统计评定

　　砂浆试块试压后，应将试压报告按时间先后顺序装订在一起并编号，及时登记在砂浆试块抗压强度统计、评定记录表中，式样见表7.13。

表 7.13 砌筑砂浆试块强度统计、评定记录

编　号：_____

工程名称				强度等级			
施工单位				养护方法			
统计期				结构部位			
试块组数	强度标准值f_2/MPa		平均值f_2,m/MPa		最小值f_2,min/MPa		$0.75f_2$
每组强度值/MPa							
判定式		$f_2,m \geq f_2$				$f_2,min \geq 0.75f_2$	
结果							

结论：

批准	审核	统计
报告日期		

注：本表由建设单位、施工单位、城建档案馆各保存一份。

应按以下要求填写上表。

（1）由具备相应资质等级的检测单位出具后随相关资料进入资料流程。

（2）应有配合比申请单和试验室签发的配合比通知单。

（3）应有按规定留置的龄期为 28 d 标养试块的抗压强度试验报告。

（4）承重结构的砌筑砂浆试块应按规定实行有见证取样和送检。

（5）砂浆试块的留置数量及必试项目符合规程要求。

（6）应有单位工程砌筑砂浆试块抗压强度统计、评定记录，按同一类型、同一强度等级砂浆为一验收批统计，评定方法及合格标准如下。

1）同一验收批砂浆试块抗压强度平均值必须大于或等于设计强度等级所对应的立方体抗压强度。

2）同一验收批砂浆试块抗压强度的最小一组平均值必须大于或等于设计强度等级所对应的立方体抗压强度的 0.75 倍。

◆检查要点

根据规范：《砌体工程施工质量验收规范》（GB 50203—2002）、《建筑砂浆基本性能试验方法标准》（JGJ/T 70—2009）、《建筑地面工程施工质量验收规范》（GB 50209—2010）和《砌筑砂浆配合比设计规程》（JGJ 98—2000）的规定。

（1）砂浆强度评定应以 28 d 抗压强度为准。

（2）砂浆强度应分批进行评定，同一验收批的砂浆应由强度等级相同、生产工艺和配合比基本相同的砂浆组成。

（3）砂浆试件强度应按下列公式进行评定：

$$f_2,m \geq f_2 \tag{7.1}$$

$$f_2,min \geq 0.75f_2 \tag{7.2}$$

式中，f_2,m——同一验收批中砂浆立方体抗压强度各组平均值，MPa；

f_2——验收批砂浆设计强度等级所对应的立方体抗压强度，MPa；

f_2,min——同一验收批中砂浆立方体抗压强度的最小一组平均值,MPa。

(4)当施工中出现下列情况时,可采用非破损检验方法对砂浆和砌体强度进行原位检测,判定砂浆的强度。

1)砂浆试件缺乏代表性或试件数量不足。

2)对砂浆试件的检验结果有怀疑或有争议。

3)砂浆试件的检验结果,已判定不能满足设计要求。

【实　务】

◆砂浆配合比申请单填写范例

砂浆配合比申请单填写范例见表7.14。

表7.14　砂浆配合比申请单

编　号:×××

委托编号:×××

工程名称	××工程		
委托单位	××建筑工程公司	试验委托人	×××
砂浆种类	混合砂浆	强度等级	M5
水泥品种	P.O 32.5	厂名	××水泥厂
水泥进场日期	2010年4月28日	试验编号	×××
砂产地	天津　粗细级别	中砂　试验编号	×××
掺和料种类	白灰膏	外加剂种类	/
申请日期	2010年5月7日	要求使用日期	2010年5月11日

◆砂浆配合比通知单填写范例

砂浆配合比通知单填写范例见表7.15。

表7.15　配合比通知单

编　号:×××

委托编号:×××

强度等级	M5		试验日期	2010年9月23日	
配合比					
材料名称	水泥	砂	白灰膏	掺和料	外加剂
每立方米用量/(kg·m⁻³)	236	1 572	96.00		
比例	1	6.66	0.41		

注:

砂浆稠度为70~100 mm,白灰膏稠度为120±5 mm

试验单位	北京×××建筑工程公司实验室
报告日期	2010年9月27日

注:本表由施工单位保存。

◆砂浆抗压强度试验报告填写范例

砂浆抗压强度试验报告填写范例见表7.16。

表7.16 砂浆抗压强度试验报告

编 号:×××
试验编号:×××
委托编号:×××

工程名称		××小区		试验编号		×××	
委托单位		×××		试验委托人		×××	
砂浆种类		水泥混合砂浆		稠度/mm		72	
水泥品种及强度等级		P.O32.5		试验编号		×××	
矿产地及种类		×××中砂		试验编号		×××	
掺和类种类		/		外加剂种类		/	
配合比编号				×××			
试件成型日期		2010-06-05	要求龄期/d	28	要求试验日期	2010-07-01	
养护方法		标准	试件收到日期	2010-09-09	试件制作人	×××	
试验结果	试压日期	实际龄期/d	试件边长/mm	受压面积/mm²	荷载/kN 单块	荷载/kN 平均	抗压强度	达设计强度等级/%
	2010-07-01	28	70.6	5 000	54.5 56.4 68.9 66.7 61.2 69.8	62.9	12.5	125
结论:				合格				
批准	×××	审核	×××	试验		×××	
试验单位				×××实验室			
报告日期				2010-07-02			

注:本表由建设单位、施工单位、城建档案馆各保存一份。

◆砌筑砂浆试块强度统计、评定记录填写范例

砌筑砂浆试块强度统计、评定记录填写范例见表7.17。

表7.17 砌筑砂浆试块强度统计、评定记录

编　号：×××

工程名称	××小区工程			强度等级			M7.5	
施工单位	××建筑工程公司			养护方法			标养	
统计期	2010-06-01 至 2010-06-10			结构部位			主体围护墙	
试块组数	强度标准值f_2/MPa			平均值f_2,m/MPa			最小值f_2,min/MPa	$0.75f_2$
8	7.5			11.69			9.4	5.63
每组强度值/MPa	11.8	12.7	9.4	11.4	13.9	12.1	9.5	12.7
判定式	$f_2,m \geq f_2$						$f_2,min \geq 0.75f_2$	
结果	11.69 > 7.5						9.4 > 5.63	

结论：
依据《砌体工程施工质量验收规范》(GB 50203—2002)第4.0.12条标准评定为合格

批准	审核	统计
×××	×××	×××
报告日期	2010-06-20	

注：本表由建设单位、施工单位、城建档案馆各保存一份。

7.5 混凝土施工试验记录

【基　础】

◆混凝土配合比申请单

混凝土配合比申请单见表7.18。

表7.18 混凝土配合比申请单

编　号：＿＿＿＿＿
委托编号：＿＿＿＿＿

工程名称及部位			
委托单位		试验委托人	
设计强度等级		要求坍落度、扩展度/mm	
其他技术要求			
搅拌方法		浇捣方法	养护方法
水泥品种及强度等级		厂别牌号	试验编号
砂产地及种类			试验编号
石子产地及种类		最大粒径/mm	试验编号
外加剂名称			试验编号
掺和料名称			试验编号
申请日期		使用日期	联系电话

填表说明。

(1)混凝土配合比申请是由施工单位根据设计图纸要求填写,图纸内所有的混凝土种类和标号必须经过试配,不能为了节省经费而少做配合比试验。

(2)混凝土配合比试验单上所有项目必须填写清楚、明了,不得遗漏、空项。

(3)混凝土试配用的水泥、砂子、石子应先做试验。在向建筑材料检测中心(站、室)申请水泥和骨料强度试验的同时,也可以提出混凝土试配申请。

(4)一个单位工程的所有混凝土种类和标号做一次配合比试验就可以,但在施工过程如有改变混凝土种类和标号的,且与原已试配过的混凝土种类和标号又有不同,则被改变的混凝土种类和标号必须要再试配。

(5)试验单位根据申请的项目要求试配后,必须发给申请单位混凝土配合比通知单。混凝土配合比通知单是试验单位根据试验结果签发的,施工单位要严格按配合比计量施工,不得随意改变配合比计量。

(6)施工单位收到混凝土配合比通知单后要认真验看,字迹是否清晰,有无漏项、涂改现象,签字盖章是否齐全,并注意备注栏的说明内容。

◆混凝土抗压强度试验报告

混凝土抗压强度试验报告见表7.19。

表7.19 混凝土抗压强度试验报告

编　号：_____
试验编号：_____
委托编号：_____

工程名称及部位									
委托单位					试验委托人				
设计强度等级					实测坍落度、扩展度/mm				
水泥品种及强度等级					试验编号				
砂种类					试验编号				
石种类、公称直径					试验编号				
外加剂名称					试验编号				
掺和料名称					试验编号				
配合比编号									
成型日期			要求龄期		天		要求试验日期		
养护方法	标养	收到日期					试块制作人		
试验结果	试验日期	实际龄期/d	试件边长	受压面积/mm²	荷载/kN 单块	荷载/kN 平均	平均抗压强度/MPa	折合150 mm立方体抗压强度/MPa	达到设计强度等级/%

结论：

批准		审核		统计	
报告日期					

注：本表由建设单位、施工单位各保存一份。

第7章 建筑工程施工试验记录

填表说明。

(1)施工单位取混凝土试样时要有建设单位或监理单位驻工地代表参加,设计图纸内要求有什么种类和标号混凝土就要取什么种类和标号的试样,在施工中如有改变混凝土种类和标号,也必须要取试样。在制作混凝土试块时绝对不能给试块开"小灶",要求与实施施工拌制的混凝土必须同配合比。

(2)混凝土试块要去有资质的建筑材料检测中心(站、室)试压,同时要填写委托单位、工程名称、工程部位、设计强度、拟配强度、取样日期、送样日期等要填写清楚、齐全。

(3)收到试验单位的试压报告后,要认真验看报告内容,字迹是否清晰、有无涂改现象,编号和签字盖章是否齐全,结论是否明确,试压期与要求试压期是否吻合等要验看清楚。试压报告内不能有"仅对来样负责"的词句,否则此报告无效。

◆混凝土试块强度统计、评定记录

混凝土试块强度统计、评定记录见表7.20。

表7.20 混凝土试块强度统计、评定记录

编　号:_____

工程名称			强度等级			
施工单位			养护方法			
统计期			结构部位			
试块组数	强度标准值 $f_{cu,k}$/MPa	平均值 f_{cu}/MPa	标准值 S_{fcu}/MPa	最小值 $f_{cu,min}$/MPa	合格判定系数 λ_1	λ_2
每组强度值 /MPa						
评定界限	□统计方法(二)				□非统计方法	
	$0.90 f_{cu,k}$	$m_{fcu} - \lambda_1 \times S_{fcu}$	$\lambda_2 \times f_{cu,k}$	$1.15 f_{cu,k}$	$0.95 f_{cu,k}$	
判定式	$M_{fcu} - \lambda_1 \times S_{fcu} \geq 0.90 f_{cu,k}$		$f_{cu,min} \geq \lambda_2 \times f_{cu,k}$	$m_{fcu} \geq 1.15 f_{cu,k}$	$f_{cu,min} \geq 0.95 f_{cu,k}$	
结果						

结论:

批准		审核		试验	
试验单位					
报告日期					

注:本表由建设单位、施工单位各保存一份。

混凝土试块强度统计、评定记录填表说明。

(1)混凝土强度统计评定是很重要的一份资料,它是判定整个单位工程结构质量的重要数据。

(2)混凝土强度统计评定要以在施工中混凝土取样试块的抗压强度报告为依据,要实事求是地统计评定。

(3)根据《混凝土强度检验评定标准》(GBJ 107—1987)规定:当对混凝土试件强度的代表性有怀疑时,可采用从结构或构件中钻取试件的方法或采用非破损检验方法,按有关标准的规定对结构或构件中混凝土的强度进行推定。

(4)要熟练掌握统计评定的有关计算公式,不能混淆不清。

【实　务】

◆混凝土配合比申请单填写范例

混凝土配合比申请单填写范例见表7.21。

表7.21　混凝土配合比申请单

编　　号:×××
委托编号:×××

工程名称及部位	××小区住宅楼地上六层1-9/A-G轴框架柱			
委托单位	××建筑工程公司	试验委托人		×××
设计强度等级	C35	要求坍落度、扩展度/mm		160~180
其他技术要求	/			
搅拌方法	机械	浇捣方法	机械	养护方法 标养
水泥品种及强度等级	P.O42.5R	厂别牌号	×××	试验编号 ×××
砂产地及种类	×××	中砂	试验编号	×××
石子产地及种类	×××碎石	最大粒径/mm	25	试验编号 ×××
外加剂名称	PHF-3泵送剂		试验编号	×××
掺和料名称	Ⅱ级粉煤灰		试验编号	×××
申请日期	2010-09-04	使用日期	2010-09-07	联系电话 ××××

◆混凝土抗压强度试验报告填写范例

混凝土抗压强度试验报告填写范例见表7.22。

表7.22 混凝土抗压强度试验报告

编　　号：×××
试验编号：×××
委托编号：×××

工程名称及部位	××小区住宅楼	试件编号	×××
委托单位	××建筑工程公司	试验委托人	×××
设计强度等级	C30,P8	实测坍落度、扩展度/mm	170
水泥品种及强度等级	P.O42.5	试验编号	×××
砂种类	中砂	试验编号	×××
石种类、公称直径/mm	碎石5~10	试验编号	×××
外加剂名称	UEA	试验编号	×××
掺和料名称	Ⅱ级粉煤灰	试验编号	×××
配合比编号	×××		
成型日期	2010-09-01	要求龄期	26天	要求试验日期	2010-09-27
养护方法	标养	收到日期	2010-09-26	试块制作人	×××

试验结果	试验日期	实际龄期/d	试件边长	受压面积/mm²	荷载/kN 单块	荷载/kN 平均	平均抗压强度/MPa	折合150mm立方体抗压强度/MPa	达到设计强度等级/%
	2010-09-27	26	100	10 000	450 460 470	460	46	45	146

结论:	合格

批准	审核	统计
×××	×××	×××
报告日期	2010-09-28	

注：本表由建设单位、施工单位各保存一份。

◆混凝土试块强度统计、评定记录填写范例

混凝土试块强度统计、评定记录填写范例见表 7.23。

表 7.23 混凝土试块强度统计、评定记录

编　号：×××

工程名称	××小区住宅楼			强度等级		C30	
施工单位	××建筑工程公司			养护方法		标养	
统计期	2010-03-01 至 2010-10-01			结构部位		主体 1-5 层墙柱	
试块组数	强度标准值 $f_{cu,k}$/MPa		平均值 $m_{f_{cu}}$/MPa	标准值 $S_{f_{cu}}$/MPa	最小值 $f_{cu,min}$/MPa	合格判定系数	
						λ_1	λ_2
13	30		46.92	8.78	36.4	1.7	0.9
每组强度值 /MPa	51.7	38.2	46.5	39.2	58.2	36.9	36.4	57.1	55.9	51.8
	56.9	41.7	39.5					
评定界限	☑统计方法(二)				□非统计方法		
	$0.90 f_{cu,k}$	$m_{f_{cu}} - \lambda_1 \times S_{f_{cu}}$		$\lambda_2 \times f_{cu,k}$		$1.15 f_{cu,k}$	$0.95 f_{cu,k}$
	27	32.0		27			
判定式	$m_{f_{cu}} - \lambda_1 \times S_{f_{cu}} \geq 0.90 f_{cu,k}$		$f_{cu,min} \geq \lambda_2 \times f_{cu,k}$		$m_{f_{cu}} \geq 1.15 f_{cu,k}$		$f_{cu,min} \geq 0.95 f_{cu,k}$
结果	32.0 > 27		36.4 > 27				

结论：
　　该批混凝土符合《混凝土强度检验评定标准》(GBJ 107—1987)验评标准，评定为合格

批准	×××	审核	×××	统计	×××
报告日期	2010-10-15				

注：本表由建设单位、施工单位各保存一份。

7.6 设备单机试运转记录

【基 础】

◆ **设备单机试运转记录表格**

设备单机试运转记录表式见表7.24。

表7.24 设备单机试运转记录

编 号:_____

工程名称		试运转时间			
设备部位图号		设备名称		规格型号	
试验单位		设备所在系统		额定数据	
序号	试验项目		试验记录		试验结论
1					
2					
3					
4					
5					
6					
7					

试运转结论:

签字栏	建设(监理)单位	施工单位		
		专业技术负责人	专业质检员	专业工长

注:本表由施工单位填写,建设单位、施工单位、城建档案馆各保存一份。

◆ **设备单机试运转记录填表说明**

1. 相关规定与要求

(1)水泵试运转的轴承温升必须符合设备说明书的规定。

检验方法:通电、操作和温度计测温检查。

水泵试运转,叶轮与泵壳不应相碰,进、出口部位的阀门应灵活。

(2)锅炉风机试运转,轴承温升应符合下列规定。

滑动轴承温度最高不得超过600 ℃;滚动轴承温度最高不得超过80 ℃。

检验方法:用温度计检查。

轴承径向单振幅应符合下列规定:风机转速小于1 000 r/min 时,不应超过0.10 mm;风机转速为1 000~1 450 r/min 时,不应超过0.08 mm。

检验方法:用测振仪表检查。

2. 注意事项

(1)以设计要求和规范规定为依据,适用条目要准确。参考规范包括:《机械设备安装工程施工及验收通用规范》(GB 50231—2009)、《制冷设备、空气分离设备安装工程施工及验收规范》(GB 50274—2010)、《风机、压缩机、泵安装工程施工及验收规范》(GB 50275—2010)等。

(2)根据试运转的实际情况填写实测数据,要准确,内容齐全,不得漏项。设备单机试运转后应逐台填写记录,一台(组)设备填写一张表格。

(3)设备单机试运转是系统试运转调试的基础工作,一般情况下如设备的性能达不到设计要求,系统试运转调试也不会达到要求。

(4)工程采用施工总承包管理模式,签字人员应为施工总承包单位相关人员。

◆试验与记录的内容

(1)给水系统设备、热水系统设备、机械排水系统设备、消防系统设备、采暖系统设备、水处理系统设备,及通风与空调系统的各类水泵、风机、冷水机组、冷却塔、空调机组、新风机组等设备在安装完毕后,应进行单机试运转,并做记录。

(2)记录的主要内容应包括设备名称、规格型号、所在系统、额定数据、试验项目、试验记录、试验结论、试运转结果等。

【实　务】

◆设备单机试运转记录填写范例

设备单机试运转记录填写范例见表7.25。

表7.25　设备单机试运转记录

编　号:×××

工程名称	××小区工程	试运转时间		2010年7月4日	
设备部位图号	地下一层 设5	设备名称	送风机	规格型号	GYF-4B6B
试验单位	××建筑工程公司	设备所在系统	送风系统	额定数据	B=3 kW L=1 566 m³/h
序号	试验项目	试验记录		试验结论	
1	无负荷运行	6:00~8:00 4B风机运转正常		符合设计及规范要求	
2	无负荷运行	9:00~11:00 6B风机运转正常		符合设计及规范要求	
3	无负荷运行	8:00~10:00 4B风机运转正常		符合设计及规范要求	
4	无负荷运行	10:00~12:00 6B风机运转正常		符合设计及规范要求	
5					
6					
7					

试运转结论:
　　对2台4B、2台6B送风机进行了2 h的单机运转,风机运转正常、稳定,噪声测量值不超标,符合设计和质量验收规范要求

签字栏	建设(监理)单位	施工单位		××建筑工程公司
		专业技术负责人	专业质检员	专业工长
	×××	×××	×××	×××

注:本表由施工单位填写,建设单位、施工单位、城建档案馆各保存一份。

7.7 系统试运转调试记录

【基　　础】

◆ **系统试运转调试记录表格**

系统试运转调试记录见表 7.26。

表 7.26　系统试运转调试记录

编　号：_____

工程名称		试运转调试时间	
试运转调试项目		试运转调试部位	

试运转、调试内容：

试运转、调试结论：

建设单位	监理单位	施工单位

注：本表由施工单位填写，建设单位、施工单位、城建档案馆各保存一份，附必须要的试运转调试测试表。

◆ **系统试运转调试记录填表说明**

1. 形成流程

采暖系统、水处理系统等应进行系统试运转及调试，并做记录。

2. 相关规定与要求

（1）室内采暖系统冲洗完毕应充水、加热，进行试运行和调试。

检验方法：观察、测量室温应满足设计要求。

（2）供热管道冲洗完毕应通水、加热，进行试运行和调试。当不具备加热条件时，应延期进行。

检验方法：测量各建筑物热力入口处供回水温度及压力。

3. 注意事项

（1）以设计要求和规范规定为依据，适用条目要准确。

（2）根据试运转调试的实际情况填写实测数据，要准确，内容齐全，不得漏项。

（3）工程采用施工总承包管理模式，签字人员应为施工总承包单位的相关人员。

◆ 调试与记录的内容

(1)采暖系统、水处理系统、通风系统、制冷系统、净化空调系统等应进行系统试运转及调试,并做记录。

(2)记录的内容主要包括系统的概况、调试的方法、全过程的各种试验数据、控制参数以及运行状况、系统渗漏情况及试运转、调试结论等。

【实　　务】

◆ 系统试运转调试记录填写范例

系统试运转调试记录填写范例见表7.27。

表7.27　系统试运转调试记录

编　号:×××

工程名称	××工程	试运转调试时间	2010年7月24日
试运转调试项目	×××	试运转调试部位	×××

试运转、调试内容:
　　一区一层、二区一层、共四台其中
　　一区东段BFK-20一台一区西段BFK-20一台
　　二区东段BFK-8一台二区西段BFK-8一台
　　一区一层两台新风机组,机房噪声<70 dB
　　二区一层两台新风机组,机房噪声<60 dB
　　二区新风机组送向各层风量>3 500 m³/h(一台新风机组送风量)
　　一区新风机组送向各层风量>3 000 m³/h(一台新风机组送风量)

试运转、调试结论:
　　新风机组于7月24日17时运转至7月24日19时,经2 h运转,新风机组噪声符合设计要求值,送风情况达到设计要求和规范规定

建设单位	监理单位	施工单位
×××	×××	×××

注:本表由施工单位填写,建设单位、施工单位、城建档案馆各保存一份,附必要的试运转调试测试表。

7.8 灌(满)水试验记录

【基　础】

◆ 灌(满)水试验记录表格

灌(满)水试验记录见表7.28。

表7.28　灌(满)水试验记录

编　号：_____

工程名称		试验日期	
试验项目		试验部位	
材质		规格	

试验要求：

试验记录：

试验结论：

签字栏	建设(监理)单位	施工单位		
		专业技术负责人	专业质检员	专业工长

注：本表由施工单位填写并保存。

◆ 灌(满)水试验记录填表说明

1. 形成流程

非承压管道系统和设备,包括开式水箱、卫生洁具、安装在室内的雨水管道等,在系统和设备安装完毕后,及暗装、埋地,有绝热层的室内外排水管道进行隐蔽前,应进行灌(满)水试验,并做记录。

2. 相关规定与要求

(1)敞口箱、罐安装前应做满水试验;密闭箱、罐应以工作压力的1.5倍做水压试验,但不得小于0.4 MPa。

检验方法:满水试验满水后静置24 h不渗不漏;水压试验在试验压力下10 min内无压降,不渗不漏。

(2)隐蔽或埋地的排水管道在隐蔽前必须做灌水试验,其灌水高度应不低于底层卫生器具的上边缘或底层地面高度。

检验方法:满水15 min水面下降后,再灌满观察5 min,液面不降,管道及接口无渗漏为合格。

(3)安装在室内的雨水管道安装后应做灌水试验,灌水高度必须到每根立管上部的雨水斗。

检验方法:灌水试验持续1 h,不渗不漏。

(4)室外排水管网安装管道埋设前必须做灌水试验和通水试验,排水应畅通,无堵塞,管接口无渗漏。

检验方法:按排水检查井分段试验,试验水头应以试验段上游管顶加1 m,时间不少于30 min,逐段观察。

3.注意事项

(1)以设计要求和规范规定为依据,适用条目要准确。

(2)根据试运转调试的实际情况填写实测数据,要准确,内容齐全,不得漏项。

(3)工程采用总承包管理模式的,签字人员应为施工总承包单位的相关人员。

◆资料核查

(1)排水管道灌水试验记录凡暗装或直接埋于地下、结构内、沟井管道间、吊顶内、夹皮墙内的隐蔽排水管道和建筑物内及地下的金属雨水管道,必须按系统或分区做灌水试验。

(2)通水试验室内给水系统同时开放最大数量配水点的额定流量,消火栓组数的最大消防能力,室内排水系统的排放效果等的试验记录。

(3)试验范围必须齐全,无漏试,试验结果必须符合设计和施工规范要求,记录手续齐全,为符合要求,否则为不符合要求。

(4)按系统试验记录齐全、准备为符合要求,否则为不符合要求。

【实　　务】

◆排水管道灌水试验记录

排水管道灌水试验记录见表7.29。

表7.29　排水管道灌(满)水试验记录

编　号:×××

工程名称	8#住宅楼	试验日期	2010年8月2日至2010年8月3日
试验项目	灌(满)水试验	试验部位	埋地排水管道K1
材质	PVC塑料管	规格	PVC100-150

试验要求:
　　满水试验满水后静置24 h不渗不漏

试验记录:
　　于2010年8月2日10时管道安装完毕后,进行灌水试验,将排水管道灌满水,15 min后再满水,观察5 min,液面有下降现象,检查排水管道发现架空层检查口渗漏,重新更换压盖后,再灌满水,观察5 min,液面未见下降。检查排水管道及接口不渗不漏。试验后介质水排除室外

试验结论:
符合试验要求

签字栏	建设(监理)单位	施工单位	××建筑工程公司	
		专业技术负责人	专业质检员	专业工长
	×××	×××	×××	×××

注:本表由施工单位填写并保存。

7.9 吹(冲)洗(脱脂)试验记录

【基础】

◆**吹(冲)洗(脱脂)试验记录表格**

吹(冲)洗(脱脂)试验记录见表 7.30。

表 7.30 吹(冲)洗(脱脂)试验记录

编　号：_____

工程名称		试验日期	
试验项目		试验部位	
试验介质		试验方式	

试验记录：

试验结论：

签字栏	建设(监理)单位	施工单位		
		专业技术负责人	专业质检员	专业工长

注：本表由施工单位填写并保存。

◆**吹(冲)洗(脱脂)试验记录填表说明**

(1)生活给水系统管道在交付使用前必须冲洗和消毒,并经有关部门取样检验,符合国家标准方可使用。

检验方法：检查有关部门提供的检测报告。

(2)热水供应系统竣工必须进行冲洗。

检验方法：现场观察检查。

(3)采暖系统试压合格后,应对系统进行冲洗并清扫过滤器及除污器。

检验方法：现场观察,直至排出水不含泥沙、铁屑等杂质,且水色不浑浊为合格。

(4)消防水泵接合器及室外消火栓安装系统消防管道在竣工前,必须对管道进行冲洗。

检验方法：观察冲洗出水的浊度。

(5)供热管道试压合格后,应进行冲洗。

检验方法：现场观察,以水色不浑浊为合格。

(6)自动喷水灭火系统管网冲洗的水流流速、流量不应小于系统设计的水流流速、流量；管网冲洗宜分区、分段进行；水平管网冲洗时其排水管位置应低于配水支管。管网冲洗应连续进行,当出水口处水的颜色、透明度与入水口处水的颜色、透明度基本一致时为合格。

(7)空调管道试压合格后,应进行冲洗。

◆注意事项

(1)以设计要求和规范规定为依据,适用条目要准确。
(2)根据试验的实际情况填写实测数据,要准确,内容齐全,不得漏项。
(3)吹(冲)洗(脱脂)试验为系统试验,一般在系统完成后统一进行。
(4)工程采用施工总承包管理模式,签字人员应为施工总承包单位的相关人员。
(5)工程名称与施工文件一致,且各专业应统一。
(6)应根据试验的情况真实填写。内容要齐全,不得漏项。应以规程规范为依据,结论要准确。
(7)签字栏必须本人手签,不得打印或他人代签。

【实　务】

◆给水管道冲洗吹扫清洗记录

给水管道冲洗吹扫清洗记录见表7.31。

表7.31　吹(冲)洗(脱脂)试验记录

编　号:×××

工程名称	××住宅	试验日期	2010年8月30日
试验项目	给水管道冲洗	试验部位	×××
试验介质	×××	试验方式	×××

试验记录:
　　因正式水源未通,采用临时水源,通水后管道内灌满自来水,24 h后放出,观察水出管道情况,直至水清为止

试验结论:
　　出口介质中无污物,色泽与入口处介质一致

签字栏	建设(监理)单位	施工单位		××建筑工程公司
		专业技术负责人	专业质检员	专业工长
	×××	×××	×××	×××

注:本表由施工单位填写并保存。

7.10 钢结构工程施工试验记录

【基 础】

◆**钢结构工程施工试验记录表格**

1. 超声波探伤报告

超声波探伤报告见表 7.32。

表 7.32 超声波探伤报告

编　号：＿＿＿＿＿
试验编号：＿＿＿＿＿
委托编号：＿＿＿＿＿

工程名称及施工部位			
委托单位		试验委托人	
构件名称		检测部位	
材　质		板厚/mm	
仪器型号		试　块	
耦合剂		表面补偿	
表面情况		执行处理	
探头型号		探伤日期	

探伤结果及说明：

批准		审核		试验	
试验单位					
报告日期					

注：本表由建设单位、施工单位、城建档案馆各保存一份。

2. 超声波探伤记录

超声波探伤记录见表 7.33。

表7.33 超声波探伤记录

编　号:_____

工程名称						报告编号				
施工单位						检测单位				
焊缝编号（两侧）	板厚/mm	折射角/°	回波高度	X/mm	D/mm	Z/mm	L/mm	级别	评定结果	备注

批准		审核		检测		检测单位名称(公章)	
报告日期							

注:本表由建设单位、施工单位、城建档案馆各保存一份。

3. 钢构件射线探伤报告

钢构件射线探伤报告见表7.34。

表7.34 钢构件射线探伤报告

编　　号：_____
试验编号：_____
委托编号：_____

工程名称					
委托单位			试验委托人		
检测单位			检测部位		
构件名称			构件编号		
材质		焊缝形式		板厚/mm	
仪器型号		增感方式		像质计型号	
胶片型号		像质指数		黑度	
评定标准		焊缝全长		探伤比例与长度	

探伤结果：

底片编号	黑度	灵敏度	主要缺陷	评级	示意图
					备注
批准		审核		试验	
试验单位					
报告日期					

注：本表由建设单位、施工单位、城建档案馆各保存一份。

◆钢结构工程施工试验记录填表说明

1. 填写单位
试验报告由具备相应资质等级的检测单位出具后随相关资料进入资料流程。

2. 相关规定与要求
(1)高强度螺栓连接应有摩擦面抗滑移系数检验报告及复试报告，并实行有见证取样和送检。

(2)施工首次使用的钢材、焊接材料、焊接方法、焊后热处理等应进行焊接工艺评定，有焊接工艺评定报告。

(3)设计要求的一、二级焊缝应做缺陷检验，由有相应资质等级的检测单位出具超声波、射线探伤检验报告或磁粉探伤报告。

(4)建筑安全等级为一级、跨度40 m及以上的公共建筑钢网架结构，且设计有要求的应对焊(螺栓)球节点进行节点承载力试验，并实行有见证取样和送检。

(5)钢结构工程所使用的防腐、防火涂料应做涂层厚度检测，其中防火涂层应有相应资质的检测单位检测报告。

(6)焊(连)接工人必须持有效的岗位证书。

【实 务】

◆超声波探伤报告填写范例

超声波探伤报告填写范例见表7.35。

表7.35 超声波探伤报告

编　号：×××
试验编号：×××
委托编号：×××

工程名称及施工部位		×××工程二层梁、柱	
委托单位	××建筑工程公司	试验委托人	×××
构件名称	钢柱/钢梁	检测部位	梁柱对接焊缝
材质	Q345B	板厚/mm	10、12、14
仪器型号	×××	试块	×××
耦合剂	×××	表面补偿	×××
表面情况	打磨	执行处理	GB 11345—1989
探头型号	5P10×1 070°	探伤日期	2010年9月24日

探伤结果及说明：
　　钢结构现场安装焊缝,经超声波检测并未发现超标缺陷,符合《钢焊缝手工超声波探伤方法和探伤结果的分级》(GB 113451—1989)规定的验收要求
　　焊缝评定合格

批准	×××	审核	×××	试验	×××
试验单位		×××实验室			
报告日期		2010年9月25日			

注：本表由建设单位、施工单位、城建档案馆各保存一份。

第8章 建筑工程施工质量验收记录

8.1 检验批质量验收记录

【基 础】

◆ **表的名称及编号**

(1)表名及相关规定。检验批质量验收记录表的表名原则上按"分项工程"名称。

(2)检验批表名下标明该分项工程所属质量验收规范标准号。

(3)检验批质量验收记录表的编号。表右上角8位数,前6位数印在表上,后留2个□是指检验批编号。

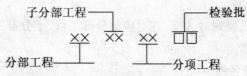

1)前2个数字是分部工程代码,01~09。地基与基础为01,主体结构为02,建筑装饰装修为03,建筑屋面为04,建筑给排水及采暖为05,建筑电气为06,智能建筑为07,通风与空调为08,电梯为09。

第3、4位数字是子分部工程代码;第5、6位数字是分项工程代码;第7、8位数字是各分项工程检验批验收顺序号,即所留的2位数字的空格□□。

2)有些分项工程在两个分部(子分部)工程中出现,则编2个分部工程及相应子分部工程的编号。如钢筋分项工程在地基与基础和主体结构中都有,其检验批表的编号为:010602□□、020102□□。

3)有些分项工程可能在几个子分部工程中出现,则编几个子分部工程及分项工程的编号。

其中第5、6位数字分别是:第一个09,是室外电气子分部工程的第9个分项工程;第二个06,是变配电室子分部工程的第6个分项工程;其余类推。

4)表名下的罗马数字(Ⅰ)、(Ⅱ)……含义。

①同一分项工程,在验收时也将其划分为几个不同的检验批来验收。

②同一分项工程,材料不同分成若干检验批验收。

③同一分项工程按工序分成若干检验批。

④同一分项工程内容过多,一张表容不下,可分成若干张表。

⑤不同分项工程中内容相同的部分可见相关检验批。

上述5种情况虽然分项工程相同、验收记录表的代号亦相同,但不是用一张表,故用罗马数字区分,届时应对号入座。

(4)表头。

1)表头内容。表头列有单位(子单位)工程名称、分部(子分部)工程名称、验收部位、施工单位、项目经理、分包单位、分包项目经理和施工执行标准名称及编号。

2)表头分包单位栏。分包单位栏有的表有,有的表没有。影响结构安全的项目不许分包,因此,不许分包的项目,其验收表的表头中则无此栏,允许分包的项目则有此栏。钢结构工程属特殊专业,虽属主体结构工程,但允许分包。

(5)验收规范规定栏。

检验表已印好该分项工程的主控项目和一般项目包含的内容及规定。

1)能填写下的尽量填写,否则写规范条文号或简单要求。

2)计量检验要求印好实际数字。

3)每个检验批验收表背面均印有本分项工程检验批验收说明。

◆检验批质量验收表的填写

1. 检验批表编号的填写

检验批表编号的填写,要对号入座,在对应的分部工程、子分部工程和分项工程那行的2个方框内填写检验批序号。

2. 单位(子单位)工程名称

单位(子单位)工程名称,按合同上的单位工程名称填写,子单位工程标出该部分的位置。分部(子分部)工程名称,按验收规范划定的分部(子分部)名称填写。验收部位是指一个分项工程中的验收的那个检验批的抽样范围,要标注清楚,如二层1~10/轴线砖砌体。

施工单位、分包单位与合同上公章名称相一致。项目经理填写合同中指定的项目负责人。有分包单位时,填写分包单位全称,分包单位项目经理应是合同中指定的项目负责人,这些人员不需本人签字。

3. 施工执行标准名称及编号

由于验收规范只列出验收的质量指标,其工艺只提出一个原则要求,具体的操作工艺就靠企业标准了。只有按照不低于国家质量验收规范的企业标准来操作,才能保证国家验收规范的实施。如果没有具体的操作工艺,保证工程质量就是一句空话。企业必须制订企业标准(操作工艺、工艺标准、工法等),来进行培训工人,技术交底,来规范工人班组的操作。为了能成为企业的标准体系的重要组成部分,企业标准应有编制人、批准人、批准时间、执行时间、标准名称及编号,填写表时只要将标准名称及编号填写上,就能在企业的标准系列中查到其详细情况,并要在施工现场有这项标准,工人再执行这项标准。

4. 主控项目、一般项目施工单位检查评定记录

填写方法分以下几种情况,均按施工质量验收规定进行判定。

(1)对定量项目直接填写检查的数据。

(2)对定性项目,当符合规范规定时,采用打"√"的方法标注;当不符合规范规定时,采用打"×"的方法标注。

(3)有混凝土、砂浆强度等级的检验批,按规定制取试件后,可填写试件编号,待试件试验报告出来后,对检验批进行判定,并在分项工程验收时进一步进行强度评定及验收。

(4)对既有定性又有定量的项目,各个子项目质量均符合规范规定时,采用打"√"来标注;否则采用打"×"来标注,无此项内容的打"√"来标注。

(5)对一般项目合格点有要求的项目,应是其中带有数据的定量项目;定性项目必须基本达到。定量项目其中每个项目都必须有80%以上(混凝土保护层为90%)检测点的实测数值达到规范规定。其余20%按各专业施工质量验收规范规定,不能大于150%(钢结构为120%),就是说有数据的项目,除必须达到规定的数值外,其余可放宽,最大放宽到150%。

"施工单位检查评定记录"栏的填写,有数据的项目,将实际测量的数值填入格内,超企业标准的数字,而没有超过国家验收规范的用"○"将其圈住;对超过国家验收规范的用"△"圈住。

5. 监理(建设)单位验收记录

通常监理人员应进行平行、旁站或巡回的方法进行监理,在施工过程中,对施工质量进行察看和测量,并参加施工单位的重要项目的检测。对新开工程或首件产品进行全面检查,以了解质量水平和控制措施的有效性及执行情况,在整个过程中,随时可以测量等。在检验批验收时,对主控项目、一般项目应逐项进行验收。对符合验收规范规定的项目,填写"合格"或"符合要求",对不符合验收规范规定的项目,暂不填写,待处理后再验收,但应做标记。

6. 施工单位检查评定结果

施工单位自行检查评定合格后,应注明"主控项目全部合格,一般项目满足规范规定要求"。

专业工长(施工员)和施工班、组长栏目由本人签字,以示承担责任。专业质量检查员代表企业逐项检查评定合格,将表填写并写清楚结果,签字后,交监理工程师或建设单位项目专业技术负责人验收。

7. 监理(建设)单位验收结论

主控项目、一般项目验收合格,混凝土、砂浆试件强度待试验报告出来后判定,其余项目已全部验收合格,注明"同意验收",专业监理工程师建设单位的专业技术负责人签字。

【实　务】

◆土方开挖工程检验批质量验收记录范例

土方开挖工程检验批质量验收记录范例(表8.1)。

表8.1　土方开挖工程检验批质量验收记录范例

工程名称		×××	分项工程名称		地基与基础	验收部位		基础1~6/B-H轴
施工单位		×××建筑工程集团公司	专业工长		×××	项目经理		×××
施工执行标准名称及编号		建筑地基基础工程施工工艺标准							
分包单位		—	分包项目经理		—	施工班组长		×××
项目		施工质量验收规范的规定					施工单位检查评定记录	临理(建设)单位验收记录
		允许偏差或允许值/mm						
		柱基、基坑、基槽	挖方场地平整		沟管	地(路)面基层		
			人工	机械				
主控项目	1	标高	-50	±30	±50	-50	-50	√	经检查,标高、长度、宽度、边坡符合规范要求
	2	长度、宽度(由设计中心线向两边量)	+200 -50	+300 -100	+500 -150	+100	—	√	
	3	边坡	设计要求					1:0.6	
一般项目	1	表面平整度	20	20	50	20	20	√	经检查,表面平整度、基底土性符合规范要求
	2	基底边坡	设计要求					土性为××,与勘察报告相符	
施工单位检查评定结果		经检查,工程主控项目、一般项目均符合《建筑地基基础工程施工质量验收规范》(GB50202—2002) 项目专业质量检查员:×××　　　　　　　　　　　　×××年××月××日							
监理(建设)单位验收结论		同意施工单位评定结果,验收合格 监理工程师:××× (建设单位项目专业技术负责人)　　　　　　　　　×××年××月××日							

8.2 分项工程质量验收记录

【基 础】

◆ **分项工程质量验收记录表**

分项工程质量验收记录见表8.2。

表8.2 分项工程质量验收记录

单位(子单位)工程名称			结构类型	
分部(子分部)工程名称			验收批数	
施工单位			项目经理	
分包单位			分包项目经理	
序号	检验批名称及部位、区段	施工单位检查评定结果	监理(建设)单位验收结论	
说明:				
检查结论	项目专业技术负责人 年 月 日	验收结论	监理工程师 (建设单位项目专业技术负责人) 年 月 日	

注:1. 地基基础、主体结构工程的分项工程质量验收不填写"分包单位"和"分包项目经理"。
  2. 同一分项2栏存在多项检验址时,应填写检验址名称。

◆ **表的填写**

表名填写所验收分项工程的名称,表头按项目填写,检验批部位、区段按层及轴线(1~10)填写。施工单位检查评定结果,由施工单位项目专业质量检查员填写,符合要求的打"√",否则打"×"。分项工程的检查由施工单位的项目专业技术负责人检查后给出评价并签字,交监理单位或建设单位验收。

◆ **分项工程质量验收流程**

分项工程质量验收流程见图8.1。

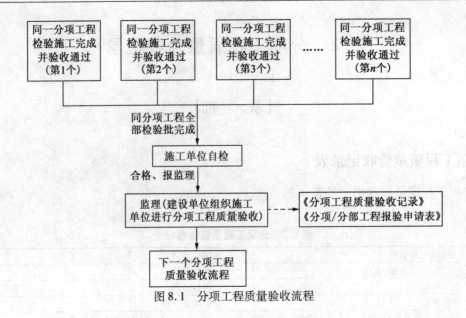

图 8.1 分项工程质量验收流程

【实 务】

◆钢筋工程(连接、安装)检验批质量验收记录填写范例

钢筋工程(连接、安装)检验批质量验收记录填写范例见表 8.3。

表 8.3 钢筋工程(连接、安装)检验批质量验收记录

单位(子单位)工程名称		××小区 16#楼	结构类型	×××
分部(子分部)工程名称		/	验收批数	×××
施工单位		××建筑工程公司	项目经理	×××
分包单位		/	分包项目经理	/
序号	检验批名称及部位、区段	施工单位检查评定结果	监理(建设)单位验收结论	
1	钢筋品种、级别、规格、数量、位置	符合设计及规范要求 见合格证、复试报告	符合设计及施工质量验收规范要求,同意验收	
2	纵向受力钢筋连接方式	符合设计、规范要求		
3	机械连接、焊接接头力学性能	符合设计、规范要求		
说明: 无				
检查结论	主控项目全部合格,符合设计及施工质量验收规范要求 项目专业技术负责人:××× ××年×月×日		验收结论	同意验收 监理工程师:××× (建设单位项目专业技术负责人) ××年×月×日

◆混凝土工程检验批质量验收记录填写范例

混凝土工程检验批质量验收记录填写范例见表8.4。

表8.4 混凝土工程检验批质量验收记录

单位(子单位)工程名称	××小区16#楼		结构类型	×××
分部(子分部)工程名称	××建筑工程公司		验收批数	×××
施工单位	/		项目经理	×××
分包单位	/		分包项目经理	×××
序号	检验批名称及部位、区段	施工单位检查评定结果	监理(建设)单位验收结论	
1	水泥进场时的检查和复验	有出厂合格证且复试合格	
2	外加剂的质量	符合规范要求	
3	混凝土中氯化物和碱的含量	符合规范要求	
4	混凝土强度等级、耐久性、工作性等	符合规范要求	各分项工程检验批验收合格,符合设计及施工质量验收规范要求
5	凝土原材料计量偏差	现场计量准确不超规定	
6	混凝土结构构件强度试件的抽取	符合规范要求	
7	抗渗砼试件的抽取	符合规范要求	
8	混凝土运输、浇筑及间歇时间	不超过初凝时间	
说明:		无	
检查结论	主控项目全部合格,符合设计及施工质量验收规范要求 项目专业技术负责人:××× ××年×月×日		验收结论	同意验收 监理工程师: ××× (建设单位项目专业技术负责人) ××年×月×日

8.3 分部(子分部)工程质量验收记录

【基　　础】

◆ **分部(子分部)工程质量验收记录表**

分部(子分部)工程质量验收记录见表8.5。

表8.5　分部(子分部)工程质量验收记录

单位(子单位)工程名称		结构类型及层数		
施工单位		技术部门负责人	质量部门负责人	
分包单位		分包单位负责人	分包技术负责人	
序号	子分部(分项)工程名称	分项工程(检验批)数	施工单位检查评定	验收意见
1				
2	质量控制资料			
3	安全和功能检验(检测)报告			
4	观感质量验收			
验收单位	分包单位	项目经理：		年　月　日
	施工单位	项目经理：		年　月　日
	勘察单位	项目负责人：		年　月　日
	设计单位	项目负责人：		年　月　日
	监理(建设)单位	总监理工程师： (建设单位项目专业负责人)		年　月　日

注：地基基础、主体结构分部工程质量验收不填写"分包单位""分包单位负责人"和"分包技术负责人"。地基基础、主体结构分部工程质量验收勘察单位应签认，其他分部工程验收勘察单位可不签认。

◆ **分部(子分部)工程质量验收内容**

1. 分项工程

按分项工程第一个检验批施工先后的顺序，将分项工程名称填写上，在第二栏内分别填写各分项工程实际的检验批数量，即分项工程验收表上的检验批数量，并将各分项工程评定表按顺序附在表后。

施工单位检查评定栏，填写施工单位自行检查评定的结果。核查一下各分项工程是否都通过验收，有关有龄期试件的合格评定是否达到要求；有全高垂直度或总的标高的检验项目的应进行检查验收。自检符合要求的可打"√"标注，否则打"×"标注。有"×"的项目不能交给监理单位或建设单位验收，应进行返修达到合格后再提交验收。监理单位或建设单位由总监理工程师或建设单位项目专业技术负责人组织审查，在符合要求后，在验收意见栏内签注"同意验收"意见。

2. 质量控制资料

应按《建筑工程施工质量验收统一标准》(GB 50300—2001)表G.0.1-2"单位(子单位)

工程质量控制资料核查记录"中的相关内容来确定所验收的分部(子分部)工程的质量控制资料项目,按资料核查的要求,逐项进行核查。能基本反映工程质量情况,达到保证结构安全和使用功能的要求,即可通过验收。全部项目都通过,即可在施工单位检查评定栏内打"√"标注检查合格,并送监理单位或建设单位验收,监理单位总监理工程师组织审查,在符合要求后,在验收意见栏内签注"同意验收"意见。

有些工程可按子分部工程进行资料验收,有些工程可按分部工程进行资料验收,由于工程不同,不强求统一。

3. 安全和功能检验(检测)报告

这个项目是指竣工抽样检测的项目,能在分部(子分部)工程中检测的,尽量放在分部(子分部)工程中检测。检测内容按《建筑工程施工质量验收统一标准》(GB 50300—2001)表 G.0.1-3"单位(子单位)工程安全和功能检验资料检查及主要功能抽查记录"中相关内容确定核查和抽查项目。在核查时要注意,在开工之前确定的项目是否都进行了检测;逐一检查每个检测报告,核查每个检测项目的检测方法、程序是否符合有关标准规定;检测结果是否达到规范的要求;检测报告的审批程序签字是否完整。在每个报告上标注审查同意。每个检测项目都通过审查,即可在施工单位检查评定栏内打"√"标注检查合格,由项目经理送监理单位或建设单位验收,监理单位总监理工程师或建设单位项目专业负责人组织审查,在符合要求后,在验收意见栏内签注"同意验收"。

4. 观感质量验收

观感质量验收实际不单单是外观质量,还有能启动或运转的要启动或试运转,能打开看的打开看,有代表性的房间、部位都应走到,并由施工单位项目经理组织进行现场检查。经检查合格后,将施工单位填写的内容填写好,由项目经理签字后交监理单位或建设单位验收。监理单位由总监理工程师或建设单位项目专业负责人组织验收,在听取参加检查人员意见的基础上,以总监理工程师或建设单位项目专业负责人为主导共同确定质量评价:好、一般、差,由施工单位的项目经理和总监理工程师或建设单位项目专业负责人共同签认。如评价观感质量差的项目,能修理的尽量修理,如果确实难修理时,只要不影响结构安全和使用功能的,可采用协商解决的方法进行验收,并在验收表上注明,然后将验收评价结论填写在分部(子分部)工程观感质量验收意见栏格内。

◆ 分部工程质量验收流程

分部工程质量验收流程见图 8.2。

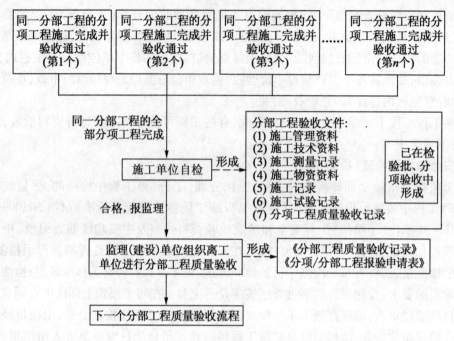

图8.2 分部工程质量验收流程

【实　务】

◆主体结构分部(子分部)工程质量验收记录填写范例

主体结构分部(子分部)工程质量验收记录填写范例见表8.6。

表8.6　主体结构分部(子分部)工程质量验收记录

单位(子单位)工程名称		××工程	结构类型及层数		框架四层
施工单位		××建筑工程公司	技术部门负责人	×××	质量部门负责人	×××
分包单位		/	分包单位负责人	/	分包技术负责人	/
序号		子分部(分项)工程名称	分项工程(检验批)数	施工单位检查评定	验收意见
1	1	砌体工程	10	√	各子分部工程验收合格,符合施工质量验收规范要求
	2	模板工程	16	√	
	3	钢筋工程	16	√	
	4	混凝土工程	16	√	
	5	现浇结构工程	16	√	
2		质量控制资料	齐全,符合要求		同意验收
3		安全和功能检验(检测)报告	符合要求,合格		同意验收
4		观感质量验收	好		同意验收

续表 8.6

单位(子单位)工程名称		××工程	结构类型及层数	框架四层
验收单位	分包单位	项目经理：×××		2010年8月10日
	施工单位	项目经理：×××		2010年8月10日
	勘察单位	项目负责人：×××		2010年8月10日
	设计单位	项目负责人：×××		2010年8月10日
	监理(建设)单位	各子分部位工程均符合施工质量验收规范要求,质量控制资料及安全和功能检验(检测)报告齐全,合格,观感质量好,同意验收 总监理工程师：　××× (建设单位项目专业负责人) 2010年8月10日		

◆建筑装饰装修分部(子分部)工程质量验收记录填写范例

建筑装饰装修分部(子分部)工程质量验收记录填写范例见表 8.7。

表 8.7 建筑装饰装修分部(子分部)工程质量验收记录

单位(子单位)工程名称		××工程		结构类型及层数	框架四层
施工单位		××建筑工程公司	技术部门负责人 ×××	质量部门负责人	×××
分包单位		××装饰工程公司	分包单位负责人 ×××	分包技术负责人	×××
序号		子分部(分项)工程名称	分项工程(检验批)数	施工单位检查评定	验收意见
1	1	地面工程	8	√	各子分部工程验收合格,符合施工质量验收规范要求
	2	一般抹灰工程	4	√	
	3	门窗工程	8	√	
	4	暗龙骨吊装工程	8	√	
	5	饰面砖粘贴工程	6	√	
	6	橱柜制作与安装	8	√	
2		质量控制资料	齐全,符合要求		同意验收
3		安全和功能检验(检测)报告	符合要求,合格		同意验收
4		观感质量验收	好		同意验收
验收单位	分包单位	项目经理：　　×××			2010年8月9日
	施工单位	项目经理：　　×××			2010年8月9日
	勘察单位	项目负责人：　×××			2010年8月9日
	设计单位	项目负责人：　×××			2010年8月9日
	监理(建设)单位	各子分部位工程均符合施工质量验收规范要求,质量控制资料及安全和功能检验(检测)报告齐全,合格,观感质量好,同意验收 总监理工程师：　××× (建设单位项目专业负责人) 2010年8月12日			

◆混凝土结构分部(子分部)工程质量验收记录填写范例

混凝土结构分部(子分部)工程质量验收记录填写范例见表8.8。

表8.8 混凝土结构分部(子分部)工程质量验收记录

单位(子单位)工程名称		××工程	结构类型及层数	框架四层
施工单位		××建筑工程公司 技术部门负责人 ××× 质量部门负责人		×××
分包单位		××装饰工程公司 分包单位负责人 ××× 分包技术负责人		×××
序号	子分部(分项)工程名称	分项工程(检验批)数	施工单位检查评定	验收意见
1	1 模板工程	12	√	各子分部工程验收合格,符合施工质量验收规范要求
	2 钢筋工程	12	√	
	3 混凝土工程	12	√	
	4 现浇结构工程	12	√	
2	质量控制资料	齐全,符合要求		同意验收
3	安全和功能检验(检测)报告	符合要求,合格		同意验收
4	观感质量验收	好		同意验收
验收单位	分包单位	项目经理: ×××		
	施工单位	项目经理: ×××		2010年5月6日
	勘察单位	项目负责人: ×××		2010年5月6日
	设计单位	项目负责人: ×××		2010年5月6日
	监理(建设)单位	各子分部位工程均符合施工质量验收规范要求,质量控制资料及安全和功能检验(检测)报告齐全,合格,观感质量好,同意验收 总监理工程师: ××× (建设单位项目专业负责人)		2010年5月8日

8.4 单位(子单位)工程质量验收

【基 础】

◆ 单位(子单位)质量控制核查记录

1. 单位(子单位)质量控制核查记录表格

单位(子单位)质量控制核查记录见表8.9。

表8.9 单位(子单位)质量控制核查记录

工程名称			施工单位			
序号	项目	资料名称	份数	核查意见		核查人
1	建筑与结构	图纸会审、设计变更、洽商记录				
2		工程定位测量、放线记录				
3		原材料出厂合格证及进场检(试)验报告				
4		施工试验报告及见证检测报告				
5		隐蔽工程验收记录				
6		施工记录				
7		预制构件、预拌混凝土合格证				
8		地基、基础、主体结构检验及抽样检测资料				
9		分项、分部工程质量验收记录				
10		工程质量事故及事故调查处理资料				
11		新材料、新工艺施工记录				
1	给排水与采暖	图纸会审、设计变更、洽商记录				
2		材料、配件出厂合格证书及进场检(试)验报告				
3		管道、设备强度试验、严密性试验记录				
4		隐蔽工程验收记录				
5		系统清洗、灌水、通水、通球试验记录				
6		施工记录				
7		分项、分部工程质量验收记录				
1	建设电气	图纸会审、设计变更、洽商记录				
2		材料、配件出厂合格证书及进场检(试)验报告				
3		设备调试记录				
4		接地、绝缘、电阻测试记录				
5		隐蔽工程验收记录				
6		施工记录				
7		分项、分部工程质量验收记录				

续表8.9

工程名称			施工单位			
序号	项目	资料名称	份数	核查意见		核查人
1	通风与空调	图纸会审、设计变更、洽商记录				
2		材料、配件出厂合格证书及进场检(试)验报告				
3		制冷、空调、水管道强度试验、严密性试验记录				
4		隐蔽工程验收记录				
5		制冷设备运行调试记录				
6		通风、空调系统调试记录				
7		施工记录				
8		分项、分部工程质量验收记录				
1	电梯	图纸会审、设计变更、洽商记录				
2		设备出厂合格证书及开箱检验记录				
3		隐蔽工程验收记录				
4		施工记录				
5		接地、绝缘电阻测试记录				
6		负荷试验、安全装置检查记录				
7		分项、分部工程质量验收记录				
1	建筑智能化	图纸会审、设计变更、洽商记录、竣工图及设计说明				
2		材料、配件出厂合格证书及技术文件及进场检(试)验报告				
3		隐蔽工程验收记录				
4		系统功能测定及设备调试记录				
5		系统技术、操作和维护手册				
6		系统管理、操作人员培训记录				
7		系统检测报告				
8		分项、分部工程质量验收记录				

结论:

施工单位项目经理: 　　　　　　　总监理工程师:
　　　　　　　　　　　　　　　　(建设单位项目负责人)

年 月 日 　　　　　　　　　　　　　　　年 月 日

2. 单位(子单位)工程质量控制资料核查记录填表要求

(1)资料流程。表8.9由施工单位按照所列质量控制资料的种类、名称进行检查,并填写份数,然后提交给监理单位验收。

(2)相关规定与要求。

1)单位(子单位)工程质量控制资料是单位工程综合验收的一项重要内容,是单位工程包含的有关分项工程中检验批主控项目、一般项目要求内容的汇总表。

2)《建筑工程施工质量验收统一标准》(GB 50300—2001)中规定了建筑与结构11项、给排水与采暖7项、建筑电气7项、通风与空调8项、电梯7项、建筑智能化8项。

(3)注意事项。

1)表8.9其他各栏内容均由监理单位进行核查,独立得出核查结论。合格后填写具体核查意见,如齐全,具体核查人在"核查人"栏签字。

2)总监理工程师在"结论"栏里填写综合性结论。

3)施工单位项目经理在"结论"栏里签字确认。

◆单位(子单位)安全和功能检验资料核查及主要功能抽检记录

1. 单位(子单位)安全和功能检验资料核查及主要功能抽检记录表格

单位(子单位)安全和功能检验资料核查及主要功能抽检记录见表8.10。这个项目包括两个方面：一是在分部(子分部)工程进行了安全和功能检测的项目，要核查其检验资料是否符合设计要求。二是验收时对主要功能项目的随机抽查,抽查项目由验收组共同确定,在现场抽查其功能是否满足使用要求,将结果填在抽查结果栏。

表8.10 单位(子单位)安全和功能检验资料核查及主要功能抽检记录

工程名称			施工单位			
序号	项目	资料名称	份数	核查意见		核查人
1	建筑与结构	屋面淋水试验记录				
2		地下室防水效果检查记录				
3		有防水要求的地面蓄水试验记录				
4		建筑物垂直度、标高、全高测量记录				
5		抽气(风)道检查记录				
6		幕墙及外窗气密性、水密性、耐风压检测报告				
7		建筑物沉降观测测量记录				
8		节能、保湿测试记录				
9		室内环境检测报告				
1	给排水与采暖	给水管道能水试验记录				
2		暖气管道、散热器压力试验记录				
3		卫生器具满水试验记录				
4		消防管道、燃气管道压力试验记录				
5		排水干管通球试验记录				
1	电气	照明全负荷试验记录				
2		大型灯具牢固性试验记录				
3		避雷接地电阻测试记录				
4		线路、插座、开关接地检测记录				
1	电梯	电梯运行记录				
2		电梯安全装置检测报告				
1	智能建筑	系统试运行记录				
2		系统电源及接地检测报告				

结论：

施工单位项目经理：   总监理工程师：
          (建设单位项目负责人)

  年 月 日   年 月 日

注：抽查项目由验收组协商确定。

2. 单位(子单位)安全和功能检验资料核查及主要功能抽检记录填表要求

(1)表8.10由施工单位按所列内容检查并填写数份后,提交给监理单位。

(2)施工验收对能否满足安全和使用功能的项目进行强化验收。

(3)对主要项目进行抽查记录,填写该表。

(4)表8.10其他栏目由总监理工程师或建设单位项目负责人组织核查、抽查并由监理单位填写。

(5)监理单位经核查和抽查合格,由总监理工程师在表中"结论"栏填写综合性验收结论,并由施工单位项目经理签字确认。

(6)安全和功能的检测,如条件具备,应在分部工程验收时进行。分部工程验收时凡已经做过的安全和功能检测项目,单位工程竣工验收时不再重复检测,只核查检测报告是否符合有关规定。

◆单位(子单位)工程观感质量检查记录

1.单位(子单位)工程观感质量检查记录表格

观感质量检查的方法同分部(子分部)工程的观感质量验收。单位工程观感质量检查验收(表8.11)不同的是项目比较多,是一个综合性验收。

表8.11 单位(子单位)工程观感质量检查记录

工程名称			施工单位					
序号	项目		抽查质量状况			质量评价		
						好	一般	差
1	建筑与结构	室外墙面						
2		变形缝						
3		水落管、屋面						
4		室内墙面						
5		室内顶棚						
6		室内地面						
7		楼梯、踏步、护栏						
8		门窗						
1	给排水与采暖	管道接口、坡度、支架						
2		卫生器具、支架、阀门						
3		检查口、扫除口、地漏						
4		散热器、支架						
1	建筑电气	配电箱、盘、板、接线盒						
2		设备器具、开关、插座						
3		防雷、接地						
1	通风与空调	风管、支架						
2		风口、风阀						
3		风机、空调设备						
4		阀门、支架						
5		水泵、冷却塔						
6		绝热						
1	电梯	运行、平层、开关门						
2		层门、信号系统						
3		机房						
1	智能建筑	机房设备安装及布局						
2		现场设备安装						
检查结论	施工单位项目经理: 年 月 日				总监理工程师: (建设单位项目负责人) 年 月 日				

注:质量评价为差的项目,应进行返修。

2.单位(子单位)工程观感质量检查记录填表要求

(1)表8.11由总监理工程师组织参加验收的各方代表,按照表中所列内容,共同实际检查,协商得出质量评价、综合评价和验收结论意见。

(2)工程质量观感检查是工程竣工后进行的一项重要验收工作,是对工程的一个全面检查。

(3)《建筑工程施工质量验收统一标准》(GB 50300—2001)规定,单位工程的质量观感验收,分为"好""一般""差"三个等级,检查的方法、程序及标准等与分部工程相同,属于综合性验收。

(4)参加验收的各方代表,经共同检查确认没有影响结构安全和使用功能等问题,可共同商定评价意见。评价为"好"或"一般"的项目由总监理工程师在"检查结论"栏内填写验收结论。

(5)如有被评价为"差"的项目,属不合格项,应返工修理,并重新验收。

(6)"抽查质量状况栏"可填写具体数据。

◆单位(子单位)质量竣工验收记录

1.单位(子单位)质量竣工验收记录表格

单位(子单位)质量竣工验收记录见表8.12。

表8.12 单位(子单位)质量竣工验收记录

工程名称		结构类型		层数/建筑面积	
施工单位		技术负责人		开工日期	
项目经理		项目技术负责人		竣工日期	
序号	项目	验收记录		验收结论	
1	分部工程	共 部分,经查 部分 符合设计要求 部分			
2	质量控制资料核查	共 项,经审查符合要求 部分 经核定符合规定要求 部分			
3	安全和主要使用功能核查及抽查结果	共核查 项,符合要求 项 共抽查 项,符合要求 项 经返工处理符合要求 项			
4	观感质量验收	共抽查 项,符合要求 项 不符合要求 项			
5	综合验收结论				
参加验收单位	建设单位(公章)	监理单位(公章)	施工单位(公章)		设计单位(公章)
	单位(项目)负责人: 年 月 日	总监理工程师: 年 月 日	单位负责人: 年 月 日		单位(项目)负责人: 年 月 日

2.单位(子单位)质量竣工验收记录填表要求

(1)单位工程完工,施工单位组织自检合格后,应报请监理单位进行工程预验收,通过后向建设单位提交工程竣工报告并填报单位(子单位)工程质量竣工验收记录。建设单位应组织设计单位、监理单位、施工单位等进行工程质量竣工验收并记录,验收记录上各单位必须签字并加盖公章。

(2)凡列入报送城建档案馆的工程档案,应在单位工程验收前由城建档案馆对工程档案进行预验收,并出具《建设工程竣工档案预验收意见》。

(3)单位工程质量竣工验收记录应由施工单位填写,验收结论由监理单位填写,综合验收结论应由参加验收各方共同商定,并由建设单位填写,主要对工程质量是否符合设计和规范要求及总体质量水平做出评价。

(4)进行单位(子单位)工程质量竣工验收时,施工单位应同时填报单位(子单位)工程质量控制资料核查记录、单位(子单位)工程安全和功能检查资料核查及主要功能抽查记录、单位(子单位)工程观感质量检查记录,作为单位(子单位)工程质量竣工验收记录的附表。

【实　务】

◆单位(子单位)质量控制核查记录填写范例

单位(子单位)质量控制核查记录填写范例见表8.13。

表8.13　单位(子单位)质量控制核查记录

工程名称			施工单位		
序号	项目	资料名称	份数	核查意见	核查人
1	建筑与结构	图纸会审、设计变更、洽商记录	20	设计变更、洽商记录齐全	×××
2		工程定位测量、放线记录	42	定位测量准确、放线记录齐全	
3		原材料出厂合格证及进场检(试)验报告	160	水泥、钢筋、防水材料等有出厂合格证及复试报告	
4		施工试验报告及见证检测报告	105	钢筋连接、混凝土抗压强度试验报告等符合要求,且按30%进行见证取样	
5		隐蔽工程验收记录	115	隐蔽工程检查记录齐全	
6		施工记录	90	地基验槽、钎探、预检等齐全	
7		预制构件、预拌混凝土合格证	50	预拌混凝土合格证齐全	
8		地基、基础、主体结构检验及抽样检测资料	12	基础、主体经监督部门检验,其抽样检测资料符合规范要求	
9		分项、分部工程质量验收记录	49	质量验收符合规范规定	
10		工程质量事故及事故调查处理资料	/	无工程质量事故	
11		新材料、新工艺施工记录	8	大体积混凝土施工记录齐全	

续表8.13

工程名称			施工单位		
序号	项目	资料名称	份数	核查意见	核查人
1	给排水与采暖	图纸会审、设计变更、洽商记录	8	洽商记录齐全、清楚	×××
2		材料、配件出厂合格证书及进场检(试)验报告	30	合格证齐全、有进场检验报告	
3		管道、设备强度试验、严密性试验记录	3	强度试验记录齐全符合要求	
4		隐蔽工程验收记录	15	隐蔽工程检查记录齐全	
5		系统清洗、灌水、通水、通球试验记录	28	灌水、通水等试验记录齐全	
6		施工记录	15	各种预检记录齐全	
7		分项、分部工程质量验收记录	8	质量验收符合规范规定	
1	建设电气	图纸会审、设计变更、洽商记录	5	洽商记录齐全、清楚	×××
2		材料、配件出厂合格证书及进场检(试)验报告	16	材料、主要设备出厂合格证书齐全、有进场检验报告	
3		设备调试记录	70	设备调试记录齐全	
4		接地、绝缘、电阻测试记录	68	接地、绝缘电阻测试记录齐全符合要求	
5		隐蔽工程验收记录	10	隐蔽工程检查记录齐全	
6		施工记录	10	各种预检记录齐全	
7		分项、分部工程质量验收记录	10	质量验收符合规范规定	
1	通风与空调	图纸会审、设计变更、洽商记录	5	洽商记录齐全、清楚	×××
2		材料、配件出厂合格证书及进场检(试)验报告	12	合格证齐全有进场检验报告	
3		制冷、空调、水管道强度试验、严密性试验记录	30	制冷、空调、水管道记录齐全	
4		隐蔽工程验收记录	15	隐蔽工程检查记录齐全	
5		制冷设备运行调试记录	17	各种调试记录符合要求	
6		通风、空调系统调试记录	17	通风、空调系统调试记录正确	
7		施工记录	9	预检记录符合要求	
8		分项、分部工程质量验收记录	5	质量验收符合规范规定	
1	电梯	图纸会审、设计变更、洽商记录	/	安装中无设计变更	×××
2		设备出厂合格证书及开箱检验记录	12	设备合格证齐全,有开箱记录	
3		隐蔽工程验收记录	22	隐蔽工程检查记录齐全	
4		施工记录	15	各种施工记录齐全	
5		接地、绝缘电阻测试记录	4	电阻值符合要求,记录齐全	
6		负荷试验、安全装置检查记录	4	检查记录符合要求	
7		分项、分部工程质量验收记录	17	质量验收符合规范规定	
1	建筑智能化	图纸会审、设计变更、洽商记录、竣工图及设计说明	7	洽商记录、竣工图及设计说明齐全	×××
2		材料、配件出厂合格证书及技术文件及进场检(试)验报告	27	材料,配件出厂合格证书及技术文件齐全,有进场检验报告	
3		隐蔽工程验收记录	20	隐蔽工程检查记录齐全	
4		系统功能测定及设备调试记录	12	系统功能调试记录齐全	
5		系统技术、操作和维护手册	2	有系统技术操作和维护手册	
6		系统管理、操作人员培训记录	5	有系统管理操作人员培训记录	
7		系统检测报告	7	系统检测报告齐全符合要求	
8		分项、分部工程质量验收记录	8	质量验收符合规范规定	

续表8.13

工程名称			施工单位			
序号	项目	资料名称	份数	核查意见		核查人

结论：
　　通过工程质量控制资料核查,该工程资料齐全、有效,各种施工试验、系统调试记录等符合有关规范规定,同意竣工验收

施工单位项目经理：　×××　　　　　总监理工程师：　×××
　　　　　　　　　　　　　　　　　（建设单位项目负责人）

2010年4月7日　　　　　　　　　　　　　　　　　　　　　2010年4月7日

◆单位(子单位)安全和功能检验资料核查及主要功能抽检记录填写范例

单位(子单位)安全和功能检验资料核查及主要功能抽检记录填写范例见表8.14。

表8.14　单位(子单位)安全和功能检验资料核查及主要功能抽检记录

工程名称			施工单位			
序号	项目	资料名称	份数	核查意见	抽查结果	核查人
1	建筑与结构	屋面淋水试验记录	5	试验记录齐全		
2		地下室防水效果检查记录	5	检查记录齐全		
3		有防水要求的地面蓄水试验记录	18	厕浴间防水记录齐全		
4		建筑物垂直度、标高、全高测量记录	3	记录符合测量规范要求		
5		抽气(风)道检查记录	3	检查记录齐全		×××
6		幕墙及外窗气密性、水密性、耐风压检测报告	1	"三性"试验报告符合要求		
7		建筑物沉降观测测量记录	1	符合要求		
8		节能、保温测试记录	5	保温测试记录符合要求		
9		室内环境检测报告	6	有害物指标满足要求		
1	给排水与采暖	给水管道通水试验记录	22	通水试验记录齐全		
2		暖气管道、散热器压力试验记录	30	压力试验记录齐全		
3		卫生器具满水试验记录	25	满水试验记录齐全		×××
4		消防管道、燃气管道压力试验记录	30	压力试验符合要求		
5		排水干管通球试验记录	1	试验记录齐全		
1	电气	照明全负荷试验记录	5	符合要求		
2		大型灯具牢固性试验记录	14	试验记录符合要求		
3		避雷接地电阻测试记录	5	记录齐全符合要求		×××
4		线路、插座、开关接地检测记录	32	检验记录齐全		
1	电梯	电梯运行记录	3	运行记录符合要求		×××
2		电梯安全装置检测报告	2	安检报告齐全		
1	智能建筑	系统试运行记录	6	系统运行记录齐全		
2		系统电源及接地检测报告	6	检测报告符合要求		

结论：
　　对本工程安全、功能资料进行核查,基本符合要求。对单位工程的主要功能进行抽样检查,其检查结果合格,满足使用功能,同意竣工验收

施工单位项目经理：　×××　　　　　总监理工程师：　×××
　　　　　　　　　　　　　　　　　（建设单位项目负责人）

2010年9月24日　　　　　　　　　　　　　　　　　　　　2010年9月24日

第8章 建筑工程施工质量验收记录

◆单位(子单位)工程观感质量检查记录填写范例

单位(子单位)工程观感质量检查记录填写范例见表8.15。

表8.15 单位(子单位)工程观感质量检查记录

工程名称		××大厦			施工单位						××建筑工程公司			
序号		项目	抽查质量状况									质量评价		
												好	一般	差
1	建筑与结构	室外墙面	√	√	√	○	√	√	√	√	√	√		
2		变形缝	√	√	√	√	○	√	√	○	○		√	
3		水落管、屋面	√	√	√	√	√	√	√	√	○	√		
4		室内墙面	√	√	√	√	○	√	√	√	√	√		
5		室内顶棚	√	√	√	√	○	√	√	√	√	√		
6		室内地面	√	√	√	√	√	√	√	√	√	√		
7		楼梯、踏步、护栏	○	√	√	√	√	√	√	√	○		√	
8		门窗												
1	给排水与采暖	管道接口、坡度、支架	√	√	√	√	○	√	√	√	√	√		
2		卫生器具、支架、阀门	√	√	√	√	√	√	√	√	√	√		
3		检查口、扫除口、地漏	√	√	√	√	√	√	√	√	√	√		
4		散热器、支架	√	○	√	√	○	√	○	√	○		√	
1	建筑电气	配电箱、盘、板、接线盒	√	√	√	○	√	√	√	√	√	√		
2		设备器具、开关、插座	○	√	√	√	√	√	√	√	√	√		
3		防雷、接地	√	√	√	√	√	√	√	√	√	√		
1	通风与空调	风管、支架	√	√	√	√	○	√	√	√	√	√		
2		风口、风阀	○		○	○	√	○	√	√	√		√	
3		风机、空调设备	√	√	√	√	√	√	√	√	√	√		
4		阀门、支架	√	√	√	√	√	√	√	√	√	√		
5		水泵、冷却塔												
6		绝热												
1	建筑电气	运行、平层、开关门	√	√	√	√	√	√	√	√	√	√		
2		层门、信号系统												
3		机房	√	○	√	○	√	○	√	○	√		√	
1	智能建筑	机房设备安装及布局	√	√	√	√	○	√	√	√	√	√		
2		现场设备安装												
检查结论	结论: 工程观感质量综合评价为好,验收合格 施工单位项目经理:×××　　　　　总监理工程师:××× 　　　　　　　　　　　　　　　　　(建设单位项目负责人) 2010年9月20日　　　　　　　　　　　　　　　　2010年9月20日													

◆单位(子单位)质量竣工验收记录填写范例

单位(子单位)质量竣工验收记录填写范例见表8.16。

表8.16 单位(子单位)质量竣工验收记录

工程名称	××工程	结构类型	框剪	层数/建筑面积	8层		
施工单位	××公司	技术负责人	×××	开工日期	2009-09-20		
项目经理	×××	项目技术负责人	×××	竣工日期	2010-03-02		
序号	项目		验收记录		验收结论		
1	分部工程		共6部分,经查 6 部分 符合设计要求 6 部分		符合规定要求		
2	质量控制资料核查		共16项,经审查符合要求 16 部分 经核定符合规定要求 16 部分		符合规定要求		
3	安全和主要使用功能核查及抽查结果		共核查12项,符合要求 12 项 共抽查10项,符合要求 10 项 经返工处理符合要求 / 项		符合规定要求		
4	观感质量验收		共抽查13项,符合要求 13 项 不符合要求 / 项		符合规定要求		
5	综合验收结论		合格				
参加验收单位	建设单位 (公章) 单位(项目)负责人 ××× 2010年3月5日	监理单位 (公章) 总监理工程师: ××× 2010年3月5日		施工单位 (公章) 单位负责人: ××× 2010年3月5日		设计单位 (公章) 单位(项目)负责人: ××× 2010年3月5日	

第9章 建筑工程资料归档管理

9.1 竣工图

【基 础】

◆ **竣工图的主要内容**

竣工图应按专业、系统进行整理,包括以下内容。
(1)工程总体布置图、位置图,地形复杂者应附竖向布置图。
(2)建筑竣工图、幕墙竣工图。
(3)结构竣工图、钢结构竣工图。
(4)建筑给水、排水与采暖竣工图。
(5)消防竣工图。
(6)燃气竣工图。
(7)建筑电气竣工图。
(8)智能建筑竣工图。(综合布线、保安监控、电视天线、火灾报警、气体灭火等)
(9)采暖竣工图。
(10)通风空调竣工图。
(11)电梯竣工图。
(12)地上部分的道路、绿化、庭院照明、喷泉、喷灌等竣工图。
(13)地下部分的各种市政、电力、电信管线等竣工图。

◆ **竣工图的编制特点**

(1)凡按施工图施工没有变动,由竣工图编制单位在施工图图签附近空白处加盖并签署竣工图章。
(2)凡一般性图纸变更,编制单位可根据设计变更依据,在施工图上直接改绘,并加盖及签署竣工图章。
(3)凡结构形式、工艺、平面布置、项目等重大改变及图面变更超过40%,应重新绘制竣工图。重新绘制的图纸必须有图名和图号,图号可按原图编号。
(4)编制竣工图必须编制各专业竣工图的图纸目录,绘制的竣工图必须准确、清楚、完整、规范,修改必须到位,真实反映项目竣工验收时的实际情况。
(5)用于改绘竣工图的图纸必须是新蓝图或绘图仪绘制的白图,不得使用复印的图纸。
(6)竣工图编制单位应按照国家建筑制图规范要求绘制竣工图,使用绘图笔或签字笔及不褪色的绘图墨水。

◆竣工图的类型

竣工图一般分为以下几类。

(1)利用施工蓝图改绘的竣工图。

(2)在二底图上修改的竣工图。

(3)重新绘制的竣工图。

(4)随着社会科学的发展和建筑行业技术水平的不断提高,竣工图的绘制也逐步开始运用 CAD 进行绘制。

【实　　务】

◆竣工图的绘制要求

1.利用施工蓝图改绘的竣工图

在施工蓝图上一般采用杠(划)改、叉改法,局部修改可以圈出更改部位,在原图空白处绘出更改内容,所有变更处都必须引划索引线并注明更改依据。在施工图上改绘,不得使用涂改液涂抹、刀刮、补贴等方法修改图纸。

具体的改绘方法可视图面、改动范围和位置、繁简程度等实际情况而定,以下是常见改绘方法的说明。

(1)取消的内容。

1)尺寸、门窗型号、设备型号、灯具型号、钢筋型号和数量、注解说明等数字、文字、符号的取消,可采用杠改法。即将取消的数字、文字、符号等用横杠杠掉(不得涂抹掉),从修改的位置引出带箭头的索引线,在索引线上注明修改依据,即"见×号洽商×条",也可注明"见×年×月×日洽商×条"。

2)隔墙、门窗、钢筋、灯具、设备等取消,可用叉改法。即在图上将取消的部分打"×",在图上描绘取消的部分较长时,可视情况打几个"×",达到表示清楚为准。并从图上修改处以箭头索引线引出,注明修改依据。

(2)增加的内容。

1)在建筑物某一部位增加隔墙、门窗、灯具、设备、钢筋等,均应在图上的实际位置用规范制图方法绘出,并注明修改依据。

2)如增加的内容在原位置绘不清楚时,应在本图适当位置(空白处)按需要补绘大样图,并保证准确清楚,如本图上无位置可绘时,应另用硫酸纸绘补图并晒成蓝图或用绘图仪绘制白图后附在本专业图纸之后。注意在原修改位置和补绘图纸上均应注明修改依据,补图要有图名和图号。

(3)内容变更。

1)数字、符号、文字的变更,可在图上用杠改法将取消的内容杠去,在其附近空白处增加更正后的内容,并注明修改依据。

2)设备配置位置,灯具、开关型号等变更引起的改变;墙、板、内外装修等变化均应在原图上改绘。

3)当图纸某部位变化较大,或在原位置上改绘有困难,或改绘后杂乱无章,可以采用以下办法改绘。

①画大样改绘在原图上标出应修改部位的范围,后在需要修改的图纸上绘出修改部位的大样图,并在原图改绘范围和改绘的大样图处注明修改依据。

②另绘补图修改如原图纸无空白处,可把应改绘的部位绘制硫酸纸补图晒成蓝图后,作为竣工图纸,补在本专业图纸之后。具体做法为:在原图纸上画出修改范围,并注明修改依据和见某图(图号)及大样图名;在补图上注明图号和图名,并注明是某图(图号)某部位的补图和修改依据。

③个别蓝图需重新绘制竣工图如果某张图纸修改不能在原蓝图上修改清楚,应重新绘制整张图作为竣工图。重绘的图纸应按国家制图标准和绘制竣工图的规定制图。

(4)加写说明。

凡设计变更、洽商的内容应当在竣工图上修改,均应用绘图方法改绘在蓝图上,不再加写说明。如果修改后的图纸仍然有内容无法表示清楚,可用精炼的语言适当加以说明。

1)图上某一种设备、门窗等型号的改变,涉及多处修改时,要对所有涉及的地方全部加以改绘,其修改依据可标注在一个修改处,但需在此处做简单说明。

2)钢筋的代换、混凝土强度等级改变,墙、板、内外装修材料的变化,由建设单位自理的部分等在图上修改难以用作图方法表达清楚时,可加注或用索引的形式加以说明。

3)凡涉及说明类型的洽商,应在相应的图纸上使用设计规范用语反映洽商内容。

(5)注意事项。

1)施工图纸目录必须加盖竣工图章,作为竣工图归档。凡有作废、补充、增加和修改的图纸,均应在施工图目录上标注清楚。即作废的图纸在目录上杠掉,补充的图纸在目录上列出图名、图号。

2)如某施工图改变量大,设计单位重新绘制了修改图,应以修改图代替原图,原图不再归档。

3)凡是洽商图作为竣工图,必须进行必要的制作。

①如洽商图是按正规设计图纸要求进行绘制的可直接作为竣工图,但需统一编写图名图号,并加盖竣工图章,作为补图。并在说明中注明是哪张图哪个部位的修改图,还要在原图修改部位标注修改范围,并标明见补图的图号。

②如洽商图未按正规设计要求绘制,均应按制图规定另行绘制竣工图,其余要求同上。

4)某一条洽商可能涉及两张或两张以上图纸,某一局部变化可能引起系统变化,凡涉及的图纸和部位均应按规定修改,不能只改其一,不改其二。一个高标的变动,可能在平、立、剖、局部大样图上都要涉及,均应改正。

5)不允许将洽商的附图原封不动地贴在或附在竣工图上作为修改,也不允许将洽商的内容抄在蓝图上作为修改,凡修改的内容均应改绘在蓝图上或做补图附在图纸之后。

6)根据规定须重新绘制竣工图时,应按绘制竣工图的要求制图。

7)改绘注意事项。

修改时,字、线、墨水使用的规定。

①字采用仿宋字,字体的大小要与原图采用字体的大小相协调,严禁错、别、草字。

②线一律使用绘图工具,不得徒手绘制。

8)施工蓝图的规定。图纸反差要明显,以适应缩微等技术要求。凡旧图、反差不好的图纸不得作为改绘用图。修改的内容和有关说明均不得超过原图框。

2. 在二底图上修改的竣工图

(1)用设计底图或施工图制成二底(硫酸纸)图,在二底图上依据设计变更、工程洽商内容用刮改法进行绘制,即用刀片将需更改部位刮掉,再用绘图笔绘制修改内容,并在图中空白处做一修改备考表,注明变更、洽商编号(或时间)和修改内容。

修改备考表见表9.1。

表9.1 修改备考表

变更、洽商编号(或时间)	内容(简要提示)

(2)修改的部位用语言描述不清楚时,也可用细实线在图上画出修改范围。

(3)以修改后的二底图或蓝图作为竣工图,要在二底图或蓝图上加盖竣工图章。没有改动的二底图转做竣工图也要加盖竣工图章。

(4)如果二底图修改次数较多,个别图面可能出现模糊不清等技术问题,必须进行技术处理或重新绘制,以达到图面整洁、字迹清楚等质量要求。

3. 重新绘制的竣工图

根据工程竣工现状和洽商记录绘制竣工图,重新绘制竣工图要求与原图比例相同,符合制图规范,有标准的图框和内容齐全的图签,图签中应有明确的"竣工图"字样或加盖竣工图章。

4. 用 CAD 绘制的竣工图

在电子版施工图上依据设计变更、工程洽商的内容进行修改,修改后用云图圈出修改部位,并在图中空白处做一修改备考表,表示要求同上述"在二底图上修改的竣工图"的要求。同时,图签上必须有原设计人员签字。

◆ 竣工图章

(1)"竣工图章",应具有明显的"竣工图"字样,并包括编制单位名称、制图人、审核人和编制日期等基本内容,编制单位、制图人、审核人、技术负责人要对竣工图负责,竣工图章内容、尺寸参见图9.1。

第9章 建筑工程资料归档管理

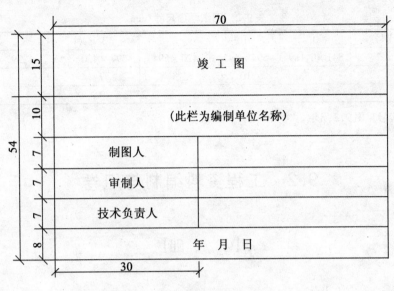

图9.1 竣工图章

(2)所有竣工图应由编制单位逐张加盖、签署竣工图章,竣工图章中签名必须齐全,不得代签。

(3)凡由设计院编制的竣工图,其设计图签中必须明确竣工阶段,并由绘制人和技术负责人在设计图签中签字。

(4)竣工图章应加盖在图签附近的空白处。

(5)竣工图章应使用不褪色红或蓝色印泥。

(6)图纸折叠前应按裁图线裁剪整齐,其图纸幅面应符合图9.2及表9.2的规定。

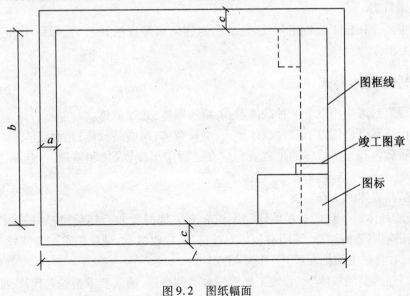

图9.2 图纸幅面

表9.2 图纸幅面尺寸/mm

基本幅面代号	0	1	2	3	4
$b \times l$	841×1 189	594×841	420×594	297×420	297×210
c	10			5	
a	25				

注:尺寸代号见图9.2所示。

9.2 工程资料编制与组卷

【基　　础】

◆工程资料分类

施工技术资料按其性质分为七类。

(1)建筑工程法定建设程序必备文件。

(2)综合管理资料。

(3)工程质量控制资料,包括验收资料、施工技术管理资料、产品质量证明文件、检验报告、施工记录及检测报告。

(4)工程安全和功能检验资料及主要功能抽查记录;

(5)检验批质量验收记录。

(6)施工日志。

(7)竣工图。在施工过程中应及时、准确地收集和整理这些资料,做到不丢弃、不漏项、不填错、图实相符。

◆工程资料的载体形式

(1)工程资料可采用以下两种载体形式:纸质载体;光盘载体。

(2)工程档案可采用以下三种载体形式:纸质载体;缩微品载体;光盘载体。

(3)纸质载体和光盘载体的工程资料应在过程中形成、收集和整理。(包括工程音像资料)

(4)缩微品载体的工程档案。

1)在纸质载体的工程档案经城建档案馆和有关部门验收合格后,应持城建档案馆发给的准许缩微证明书进行缩微,证明书包括案卷目录、验收签章、城建档案馆的档号、胶片代数、质量要求等,并将证书缩拍在胶片"片头"上。

2)报送"缩微制品载体"工程竣工档案的种类和数量,通常要求报送三代片,即:

①第一代(母片)卷片一套,做长期保存使用。

②第二代(拷贝片)卷片一套做复制工作使用。

③第三代(拷贝片)卷片或者开窗卡片、封套片、平片,做日常阅读或复原使用。

3)向城建档案馆移交的缩微卷片、开窗卡片、封套片、平片须按城建档案馆的要求进行标注。

(5)光盘载体的电子工程档案。

1)纸质载体的工程档案经城建档案馆和有关部门验收合格之后,应进行电子工程档案的核查,核查无误后,再进行电子工程档案的光盘刻制。

2)电子工程档案的封套、格式须按城建档案馆的要求统一进行标注。

◆工程资料编制组卷质量要求

(1)工程资料应真实反映工程的实际状况,具有永久和长期保存价值的材料必须完整、准确和系统。

(2)工程资料应使用原件,因各种原因不能使用原件,应在复印件上加盖原件存放单位公章、注明原件存放处,并有经办人签字及时间。

(3)工程资料应保证字迹清晰,签字、盖章手续齐全,签字必须使用档案规定用笔。计算机形成的工程资料应采用内容打印,手工签名的方式。

(4)施工图的变更、洽商返图应符合技术要求。凡采用施工蓝图改绘竣工图,必须使用反差明显的蓝图,竣工图图面应整洁。

(5)工程档案的填写和编制应符合档案缩微管理和计算机输入的要求。

(6)工程档案的缩微制品,必须按国家缩微标准进行制作,主要技术指标(解像力、密度、海波残留量等)应符合国家标准规定,保证质量,以适应长期安全保管。

(7)工程资料的照片(含底片)及声像档案,应图像清晰,声音清楚,文字说明或内容准确。

◆工程资料编制组卷要求

1. 组卷的质量要求

(1)组卷前应保证基建文件、监理资料和施工资料齐全、完整,并符合规程要求。

(2)编绘的竣工图应反差明显、图面整洁、线条清晰、字迹清楚,能满足微缩和计算机扫描的要求。

(3)文字材料和图纸不满足质量要求的一律返工。

2. 组卷的基本原则

(1)建设项目应按单位工程组卷。

(2)工程资料应按照不同的收集、整理单位及资料类别,按基建文件、监理资料、施工资料和竣工图分别进行组卷。

(3)卷内资料排列顺序应依据卷内资料构成而定,一般顺序为封面、目录、资料部分、备考表和封底,组成的卷案应美观、整齐。

(4)卷内若存在多类工程资料时,同类资料按自然形成的顺序和时间排序,不同资料之间的排列顺序可参照表1.1的顺序排列。

(5)案卷不宜过厚,一般不超过40 mm,案卷内不应有重复资料。

3. 组卷的具体要求

(1)基建文件组卷基建文件可根据类别和数量的多少组成一卷或多卷,如工程决策立项文件卷、征地拆迁文件卷、勘察、测绘与设计文件卷、工程开工文件卷、商务文件卷、工程竣工验收与备案文件卷。同一类基建文件还可根据数量多少组成一卷或多卷。

基建文件组卷具体内容和顺序可参考表1.1；移交城建档案馆基建文件的组卷内容和顺序可参考资料规程。

（2）监理资料组卷　监理资料可根据资料类别和数量多少组成一卷或多卷。

（3）施工资料组卷　施工资料组卷应按照专业、系统划分，每一专业、系统再按照资料类别从C1至C7顺序排列，并根据资料数量多少组成一卷或多卷。

对于专业化程度高，施工工艺复杂，通常由专业分包施工的子分部（分项）工程应分别单独组卷，如有支护土方、地基（复合）、桩基、预应力、钢结构、木结构、网架（索膜）、幕墙、供热锅炉、变配电室和智能建筑工程的各系统，应单独组卷子分部（分项）工程并按照顺序排列，并根据资料数量的多少组成一卷或多卷。

按规程规定应由施工单位归档保存的基建文件和监理资料按表1.1的要求组卷。

（4）竣工图组卷应　竣工图应按专业进行组卷。可分为工艺平面布置竣工图卷、建筑竣工图卷、结构竣工图卷、给排水及采暖竣工图卷、建筑电气竣工图卷、智能建筑竣工图卷、通风空调竣工图卷、电梯竣工图卷、室外工程竣工图卷等，每一专业可根据图纸数量多少组成一卷或多卷。

（5）向城建档案馆报送的工程档案应按《建筑工程文件归档整理规范》（GB/T 50328—2001）的要求进行组卷。

（6）文字材料和图纸材料原则上不能混装在一个装具内，如资料材料较少，需放在一个装具内时，文字材料和图纸材料必须混合装订，其中文字材料排前，图样材料排后。

（7）单位工程档案总案卷数超过20卷的，应编制总目录卷。

4. 建设工程文件归档整理规范

（1）编写页号应以独立卷为单位。在案卷内资料材料排列顺序确定后，均以有书写内容的页面编写页号。

（2）每卷从阿拉伯数字1开始，用打号机或钢笔依次逐张连续标注页号，采用黑色、蓝色油墨或墨水。案卷封面、卷内目录和卷内备案表不编写页号。

（3）页号编写位置，单面书写的文字材料页号编写在右下角，双面书写的文字材料页号正面编写在右下角，背面编写在左下角。

（4）图纸折叠后无论何种形式，页号一律编写在右下角。

◆封面与目录的编制

1. 工程资料封面与目录

（1）工程资料案卷封面。案卷封面包括名称、案卷题名、编制单位、技术主管、编制日期（以上由移交单位填写）、保管期限、密级、共册第册等（由档案接收部门填写）。

1）名称。填写工程建设项目竣工后使用名称（或曾用名），若本工程分为几个（子）单位工程应在第二行填写（子）单位工程名称。

2）案卷题名。填写本卷卷名，第一行按单位、专业及类别填写案卷名称，第二行填写案卷内主要资料内容提示。

3）编制单位。本卷档案的编制单位，并加盖公章。

4)技术主管,编制单位技术负责人签名或盖章。

5)编制日期。填写卷内资料材料形成的起(最早)、止(最晚)日期。

6)保管期限,由档案保管单位按照本单位的保管规定或有关规定填写。

7)密级,由档案保管单位按照本单位的保密规定或有关规定填写。

(2)工程资料卷内目录。工程资料的卷内目录,内容包括序号、工程资料题名、原编字号、编制单位、编制日期、页次和备注。卷内目录内容应与案卷内容相符,排列在封面之后,原资料目录及设计图纸目录不能代替。

1)序号。案卷内资料排列先后用阿拉伯数字从 1 开始依次标注。

2)工程资料题名。填写文字材料和图纸名称,无标题的资料应根据内容拟写标题。

3)原编字号,资料制发机关的发字号或图纸原编图号。

4)编制单位,资料的形成单位或主要负责单位名称。

5)编制日期,资料的形成时间。(文字材料为原资料形成日期,竣工图为编制日期)

6)页次,填写每份资料在本案卷的页次或起止的页次。

7)备注,填写需要说明的问题。

(3)分项目录。

1)分项目录(一)适用于施工物资材料(C4)的编目,目录内容应包括资料名称、厂名、型号规格、数量、使用部位等,有进场见证试验的,应在备注栏中注明。

2)分项目录(二)适用于施工测量记录(C3)和施工记录(C5)的编目,目录内容包括资料名称、施工部位和日期等。

资料名称:填写表格名称或资料名称。

施工部位:应填写测量、检查或记录的层、轴线和标高位置。

日期:填写资料正式形成的年、月、日。

(4)混凝土(砂浆)抗压强度报告目录。混凝土(砂浆)抗压强度报告目录应分单位工程,按不同龄期汇总、编目,有见证试验应在备注栏中注明。

(5)钢筋连接试验报告目录。钢筋连接试验报告目录适用于各种焊(连)接形式,有见证试验应在备注栏中注明。

(6)工程资料卷内备考表。内容包括卷内文字材料张数、图样材料张数、照片张数等,立卷单位的立卷人、审核人及接收单位的审核人、接收人应签字。

1)案卷审核备考表分为上下两栏,上一栏由立卷单位填写,下一栏由接受单位填写。

2)上栏应标明本案卷一编号资料的总张数(指文字、图纸、照片等的张数);审核说明填写立卷时资料的完整及质量情况,及应归档而缺少的资料的名称和原因;立卷人有责任立卷人签名;审核人有案卷审查人签名;年月日按立卷、审核时间分别填写。

3)下栏由接收单位根据案卷的完成及质量情况标明审核意见。技术审核人由接收单位工程档案技术审核人签名;档案接收人由接收单位档案管理接收人签名;年月日按审核、接收时间分别填写。

2.工程档案封面和目录

(1)工程档案案卷封面。使用城市建设档案封面,注明工程名称、案卷题名、编制单位、技术主管、保存期限、档案密级等。

(2)工程档案卷内目录。使用城建档案卷内目录,内容包括顺序号、文件材料题名,原编字号、编制单位、编制日期、页次、备注等。

(3)工程档案卷内备案。使用城建档案案卷审核备考表,内容包括卷内文字材料张数、图样材料张数,照片张数等和立卷单位的立卷人、审核人及接收单位的审核人、接收人签字。

城建档案案卷审核备考表的下栏部分由城建档案馆根据案卷的完整及质量情况标明审核意见。

3. 案卷脊背编制

案卷脊背项目有档号、案卷题名,由档案保管单位填写,城建档案的案卷脊背由城建档案馆填写。

4. 移交书

(1)工程资料移交书。工程资料移交书是工程资料进行移交的凭证,应有移交日期和移交单位、接收单位的盖章。

(2)工程档案移交书。使用城市建设档案移交书,为竣工档案进行移交的凭证,应有移交日期和移交单位、接收单位的盖章。

(3)工程档案微缩品移交书。使用城市建设档案馆微缩品移交书,为竣工档案进行移交的凭证,应有移交日期和移交单位、接收单位的盖章。

(4)工程资料移交目录。工程资料移交,办理的工程资料移交书应附工程资料移交目录。

(5)工程档案移交目录。工程档案移交,办理的工程档案移交书应附城市建设档案移交目录。

◆ 案卷的规格与装订

1. 案卷规格

卷内资料、封面、目录、备考表统一采用 A4 幅(297 mm×210 mm)尺寸,图纸分别采用 A0(841 mm×1189 mm)、A1(594 mm×841 mm)、A2(420 mm×594 mm)、A3(297 mm×420 mm)、A4(297 mm×210 mm)幅面。小于 A4 幅面的资料要用 A4 白纸(297 mm×210 mm)衬托。

2. 案卷装具

案卷采用统一规格尺寸的装具。属于工程档案的文字、图纸材料一律采用城建档案馆监制的硬壳卷夹或卷盒,外表尺寸为 310 mm(高)×220 mm(宽),卷盒厚度尺寸分别为 50 mm、30 mm 两种,卷夹厚度尺寸为 25 mm;少量特殊的档案也可采用外表尺寸为 310 mm(高)×430 mm(宽),厚度尺寸为 50 mm。案卷软(内)卷皮尺寸为 297 mm(高)×210 mm(宽)。

3. 案卷装订

(1)文字材料必须装订成册,图纸材料可装订成册,也可散装存放。

(2)装订时要剔除金属物,装订线一侧根据案卷薄厚加垫草板纸。

(3)案卷用棉线在左侧三孔装订,棉线装订结打在背面。装订线距左侧 20 mm,上下两孔分别距中孔 80 mm。

(4)装订时,需将封面、目录、备考表、封底与案卷一起装订。图纸散装在卷盒内时,需将案卷封面、目录、备考表三件用棉线在左上角装订在一起。

【实　务】

◆工程资料封面与目录填写范例

1. 工程资料封面与目录填写范例

工程资料封面与目录填写样例见表9.3。

表9.3　工程资料封面与目录

<h2 style="text-align:center">工程资料</h2>

名　　称：　　　　　××小区　　　　　

案卷题名：　　　建筑与结构工程施工文件　　　

　　　　　　　　　隐蔽工程检查记录　　　　　

编制单位：　　　××建筑工程公司　　　　

技术主管：　　　　　×××　　　　　

编制日期：　自2010年4月1日起至2010年8月1日　

保管期限：　　　　　　　　　密级：　　　　　

保存档号：　　　　　　　　　

共 × 册　　　第 × 册

2. 工程资料卷内目录填写范例

工程资料卷内目录填写范例见表9.4。

表9.4 工程资料卷内目录

工程名称				××小区		
序号	工程资料题名	原编字号	编制单位	编制日期	页次	备注
1	钢筋质量证明及试验报告	×××	×××	2010年4月5日	1	
2	水泥质量证明及试验报告	×××	×××	2010年4月7日	45	
3	砂试验报告	×××	×××	2010年4月10日	62	
4	石试验报告	×××	×××	2010年4月10日	69	
5	外加剂质量证明及试验报告	×××	×××	2010年4月20日	78	
6	防水卷材质量及试验报告	×××	×××	2010年5月5日	85	
7	防水涂料质量证明及试验报告	×××	×××	2010年5月13日	90	
8	砌块质量证明及试验报告	×××	×××	2010年6月4日	98	
9	装饰装修材料质量证明	×××	×××	2010年7月16日	112~165	

3. 分项目录填写范例

分项目录填写范例见表9.5和表9.6。

表9.5 分项目录(一)

工程名称		××小区		物资类别		水泥	
序号	资料名称	厂名	品种、型号、规格	数量	使用部位	页次	备注
1	水泥出厂检验报告及28 d强度补报单	×××	P.O42.5	150 t	基础		
2	水泥厂家资质证书	×××		3			
3	水泥试验报告	×××	P.O42.5	150 t	基础		
4	水泥出厂检验报告及28 d强度补报单	×××	P.O42.5	58 t	地下一、二层		
5	水泥出厂检验报告及28 d强度补报单	×××	P.O32.5	90 t	地下一至四层		
6	水泥试验报告	×××	P.O32.5	90 t	地上一至四层		
7							

表9.6 分项目录(二)

工程名称	××小区		物资类别	基础主体结构钢筋工程	
序号	施工部位(内容摘要)		日期	页次	备注
1	基础底板钢筋绑扎		2010年5月1日	1	
2	地下二层墙体钢筋绑扎		2010年5月12日	2	
3	地下二层顶板钢筋绑扎		2010年5月16日	3	
4	地下一层墙体钢筋绑扎		2010年5月18日	4	
5	地下一层顶板钢筋绑扎		2010年5月18日	5	
6	首层1~6/A~D轴墙体钢筋绑扎		2010年6月1日	6	
7	首层7~11/A~D轴墙体钢筋绑扎		2010年6月19日	7	
8	首层1~6/A~D轴顶板、梁钢筋绑扎		2010年6月20日	8	
9	首层7~11/A~D轴顶板、梁钢筋绑扎		2010年6月22日	9	
10	二层1~6/A~D轴墙体钢筋绑扎		2010年7月2日	10	
11	二层7~11/A~D轴墙体钢筋绑扎		2010年7月9日	11	
12	二层1~6/A~D轴顶板、梁钢筋绑扎		2010年7月19日	12	
13	二层7~11/A~D轴顶板、梁钢筋绑扎		2010年7月21日	13	

4. 混凝土(砂浆)抗压强度报告目录填写范例

混凝土(砂浆)抗压强度报告目录填写范例见表9.7。

表9.7 混凝土(砂浆)抗压强度报告目录

工程名称				××大厦					
序号	试件编号	试验日期	施工部位	设计强度等级	龄期/天	实际抗压强度/MPa	达到设计强度/%	配合比编号	备注
1	×××	2010年7月2日	地下一层墙体	C30	28	41.3	137	×××	
2	×××	2010年7月4日	地下一层顶板	C30	28	39.1	129	×××	
3	×××	2010年7月10日	首层墙体	C30	28	38.6	128	×××	
4	×××	2010年7月12日	首层顶板	C25	28	36.7	146	×××	
5	×××	2010年7月16日	二层墙体	C30	28	37.2	122	×××	
6	×××	2010年7月18日	二层顶板	C25	28	39.8	159	×××	

4. 钢筋连接试验报告目录填写范例

钢筋连接试验报告目录填写范例见表9.8。

表9.8 钢筋连接试验报告目录

工程名称				××小区					
序号	试件编号	试验日期	种类及规格	施工部位	连接形式	代表数量	抗拉强度/MPa	屈服点/MPa	备注
1	001	2010年7月8日	HRB335φ20	地下一层柱、梁		60.5	589	428	
2	002	2010年7月12日	HRB335φ20	首层柱、梁		54.5	565	395	
3	003	2010年7月14日	HRB335φ16	首层墙体		51.2	592	426	
4	004	2010年7月20日	HRB335φ16	二层柱、梁		62.1	558	387	
5	005	2010年7月22日	HRB335φ14	二层墙体		43.5	574	389	

5. 工程资料备考表填写范例

工程资料备考表填写范例见表9.9。

表9.9 工程资料备考表

本案卷已编号的文件材料共 __242__ 张,其中:文字材料 __212__ 张,图样材料 __24__ 张,照片 __6__ 张
立卷单位对本案卷完整准确情况的审核说明: 本案卷完整准确   立卷人:××× 日期:2010年8月4日   审核人:××× 日期:2010年8月4日
保存单位的审核说明: 工程资料齐全、有效,符合规定要求   技术审核人:××× 日期:2010年8月5日   档案接收人:××× 日期:2010年8月5日

◆工程档案封面和目录填写范例

1. 档案馆代号填写范例

城市建设档案填写范例,见表9.10。

表9.10 城市建设档案

工程资料

名　　称：＿＿＿＿＿××小区＿＿＿＿＿

案卷题名：＿＿＿建筑与结构工程施工文件＿＿＿

　　　　　＿＿＿＿隐蔽工程检查记录＿＿＿＿

编制单位：＿＿＿××建筑工程公司＿＿＿＿

技术主管：＿＿＿＿＿×××＿＿＿＿＿

编制日期：自 2010 年 4 月 1 日起至 2010 年 7 月 1 日

保管期限：＿＿＿＿＿＿　　　密级：＿＿＿＿＿

保存档号：＿＿＿＿＿

共　×　册　　　第　×　册

2. 城建档案卷内目录填写范例

城建档案卷内目录填写范例见表9.11。

表9.11 城建档案卷内目录

序号	文件材料题名	原编字号	编制单位	编制日期	页次	备注
1	图纸会审纪录	C2－××	××建筑工程公司	2010年4月5日	1~5	
2	工程洽商记录	C2－××	××建筑工程公司	2010年4月5日	6~22	
3	工程定位测量记录	C3－××	××建筑工程公司	2010年4月6日	23~24	
4	基槽验线记录	C3－××	××建筑工程公司	2010年4月7日	25	
5	钢材试验报告	C4－××	××建筑工程公司	2010年4月9日	26~70	
6	水泥试验报告	C4－××	××建筑工程公司	2010年4月10日	71~95	
7	砂试验报告	C4－××	××建筑工程公司	2010年4月10日	96~113	
8	碎(卵)石试验报告	C4－××	××建筑工程公司	2010年4月10日	114~127	
9	预拌混凝土出厂合格证	C4－××	××混凝土公司	2010年5月2日	128~155	
10	地基验槽检查记录	C5－××	××建筑工程公司	2010年5月15日	156~157	
11	隐蔽工程检查记录	C5－××	××建筑工程公司	2010年6月15日	158~281	
12	钢筋连接试验报告	C6－××	××建筑工程公司	2010年6月15日	282~295	
13	混凝土试块强度统计、评定记录	C6－××	××建筑工程公司	2010年6月20日	296~312	
14						
15						
16						
17						
18						

◆工程资料移交书填写范例

1. 工程资料移交书填写范例

工程资料移交书填写范例见表9.12。

表9.12 工程资料移交书

工程资料移交书

___××建筑工程公司(全称)___ 按有关规定向 ___××房地产开发公司(全称)___ 办理 ___××小区___ 工程资料移交手续。共计 __3__ 套 __52__ 册。其中图样材料 __22__ 册,文字材料 __30__ 册,其他材料 ___/___ 张(　　)

附:工程资料移交目录

移交单位(公:)	接收单位(公章):
单位负责人: × ×	单位负责人:×××
技术负责人:×××	技术负责人:×××
移 交 人: × ×	接 收 人:× ×

移交日期:2010年7月5日

2. 城市建设档案移交书填写范例

城市建设档案移交书填写范例见表9.13。

表9.13 城市建设档案移交书

工程资料移交书

××建筑工程公司(全称)向××市城市建设档案馆移交××小区档案共计18册。其中:图样材料 5 册,文字材料 13 册,其他材料 ／ 张( )

附:城市建设档案移交目录一式三份,共3张

单位负责人: × ×　　　　　　　　单位负责人:×××
技术负责人: ×××　　　　　　　　技术负责人:×××
移 交 人: × ×　　　　　　　　接 收 人:× ×

移交日期:2010年7月5日

3. 城市建设档案缩微品移交书填写范例

城市建设档案缩微品移交书填写范例见表9.14。

表9.14 城市建设档案缩微品移交书

城市建设档案缩微品移交书

　　__××房地产开发公司(全称)__ 向××市城市建设档案馆移交 __××小区__ 工程缩微品档案。档号__×××__,缩微号__××__。卷片共__××__盘,开窗卡__××__张。其中母片:卷片共__××__盘,开窗卡__××__张;拷贝片:卷片共__××__套__××__盘,开窗卡__××__套__××__张。缩微原件共__25__册。其中图样材料__18__册,文字材料__7__册,其他材料__/__册

附:城市建设档案缩微品移交目录

移交单位(公章):　　　　　　　　　接收单位(公章):

单位 法人:　××　　　　　　　　　单位 法人:×××
移 交 人:　××　　　　　　　　　接 收 人:××

移交日期:2010年7月15日

4. 工程资料移交目录填写范例

工程资料移交目录填写范例见表9.15。

表9.15 工程资料移交目录

序号	案卷题名	数量						备注
		文字材料		图样资料		综合卷		
		册	张	册	张	册	张	
1	施工资料—建筑与结构工程施工管理资料	1	18					
2	施工资料—建筑与结构工程施工技术资料	2	218					
3	施工资料—建筑与结构工程施工测量资料	1	85					
4	施工资料—建筑与结构工程施工物资资料	4	305					
5	施工资料—建筑与结构工程施工记录	3	208					
6	施工资料—建筑与结构工程施工质量验收记录	1	24					
7	建筑竣工图			2	50			
8	结构竣工图			1	32			
9	建筑给排水及采暖竣工图			1	29			
10	建筑电气竣工图			1	20			

5. 城市建设档案移交目录填写范例

城市建设档案移交目录范例见表9.16。

表9.16 城市建设档案移交目录

序号	工程项目名称	案卷题名	形成年代	数量						备注
				文字材料		图样资料		综合卷		
				册	张	册	张	册	张	
1	××大厦	基建文件	××年×月	1	165					
2	××大厦	监理文件	××年×月	1	115					
3	××大厦	工程管理与验收施工文件	××年×月	1	47					
4	××大厦	建筑与结构工程施工文件	××年×月	4	360					
5	××大厦	建筑给排水及采暖工程施工文件	××年×月	2	215					
6	××大厦	建筑通风与空调工程施工文件	××年×月	1	163					
7	××大厦	建筑电气工程施工文件	××年×月	2	272					
8	××大厦	建筑竣工图	××年×月			3	70			
9	××大厦	结构竣工图	××年×月			2	56			
10	××大厦	给排水及采暖竣工图	××年×月			1	31			
11	××大厦	通风与空调工程竣工图	××年×月			1	29			
12	××大厦	建筑电气工程竣工图	××年×月			1	32			

9.3 工程资料验收与移交

【基　　础】

◆ **工程资料验收内容**

（1）工程资料移交书。工程资料移交书是工程资料进行移交的凭证，应有移交日期和移交单位、接收单位的盖章。

（2）工程档案移交书。使用城市建设档案移交书，为竣工档案进行移交的凭证，应有移交日期和移交单位、接收单位的盖章。

（3）工程档案微缩品移交书。使用城市建设档案馆微缩品移交书，为竣工档案进行移交的凭证，应有移交日期和移交单位、接收单位的盖章。

（4）工程资料移交目录。工程资料移交，办理的工程资料移交书应附工程资料移交目录。

（5）工程档案移交目录。工程档案移交，办理的工程档案移交书应附城市建设档案移交目录。

◆ **工程档案验收要求**

（1）国家、市重点工程项目或一些特大型、大型的工程项目的预验收和验收会，必须有城建档案馆参加验收。

（2）为确保工程竣工档案的质量，各编制单位、建设单位或工程管理部门、监理单位、城建档案馆、档案行政管理部门等要严格进行检查、验收，编制单位、制图人、审核人、技术负责人必须进行签字或盖章。如有不符合技术要求、缺项、缺页等的，一律退回编制单位进行改正、补齐，问题严重者可令其重做。不符合要求者，不能交工验收。

（3）城建档案馆负责工程竣工档案的最后验收，并对编制报送工程竣工档案进行业务指导、督促和检查，凡报送的竣工档案，如验收不合格将其退回建设单位，由建设单位责成责任者重新进行编制，待达到要求后重新报送。检查验收人员应对接收的档案负责，在案卷备考表中签字。

【实　　务】

◆ **施工技术资料移交明细表**

施工技术资料移交明细表见表9.17。

表9.17 施工技术资料移交明细表

序号	案卷题名	数量						备注
		文字材料		图样资料		综合卷		
		册	张	册	张	册	张	
1	原材料、半成品、成品出厂证明和试(检)验报告							
2	施工试验报告							
3	施工记录							
4	预检记录							
5	隐检记录							
6	基础结构验收记录							
7	给水排水与采暖工程							
8	电气安装工程							
9	通风与空调工程							
10	电梯安装工程							
11	施工组织设计与技术交底							
12	工程质量验收记录							
13	竣工验收资料							
14	设计变更、洽商记录							
15	竣工图							
16	其他							

◆工程档案移交注意事项

(1)施工、监理等有关单位应将工程资料按合同或协议约定的时间、套数移交给建设单位,办理移交手续。

(2)凡列入城建档案馆接收范围的工程档案,竣工验收通过后3个月内,建设单位将汇总后的全部工程档案移交城建档案馆并办理移交手续。推迟报送日期,应在规定报送时间内向城建档案馆申请延期报送,并申明延期报送原因,经同意后办理延期报送手续。

(3)停建、缓建建设工程的档案,暂由建设单位保管。

(4)对改建、扩建和维修工程,建设单位应当组织设计、施工单位据实修改、补充和完善原工程档案。对改变的部位,应重新编制工程档案,并在工程竣工验收后3个月内向城建档案馆(室)移交。

(5)建设单位向城建档案馆(室)移交工程档案时,应办理移交手续,填写移交目录,双方签字、盖章后交接。

参考文献

[1] 国家标准.(GB 50202—2002)《建筑地基基础工程施工质量验收规范》[S].北京:中国计划出版社,2002.

[2] 国家标准.(GB 50203—2002)《砌体工程施工质量验收规范》[S].北京:中国建筑工业出版社,2002.

[3] 国家标准.(GB 50204—2002)《混凝土结构工程施工质量验收规范》[S].北京:中国建筑工业出版社,2002.

[4] 国家标准.(GB 50205—2001)《钢结构工程施工质量验收规范》[S].北京:中国计划出版社,2002.

[5] 国家标准.(GB 50207—2002)《屋面工程质量验收规范》[S].北京:中国建筑工业出版社,2002.

[6] 国家标准.(GB 50242—2002)《建筑给水排水及采暖工程施工质量验收规范》[S].北京:中国建筑工业出版社,2002.

[7] 国家标准.(GB 50310—2002)《电梯工程施工质量验收规范》[S].北京:中国建筑工业出版社,2002.